越南民法典

伍光红 黄氏惠 译

2018年 · 北京

BỘ LUẬT DÂN SỰ
NƯỚC CỘNG HÒA XÃ HỘI CHỦ NGHĨA VIỆT NAM

本书根据越南洪德出版社 2016 年版译出

译 者 序

一、越南《民法典》的产生和发展历程

越南社会主义共和国简称越南，是与我国相邻的一个社会主义国家。历史上，自秦汉至宋初，越南中北部长期为中国的一部分，宋朝以后越南自主立国，但仍向中国朝贡，属于中国的藩属国，直至19世纪中叶后越南逐渐沦为法国殖民地。1945年八月革命，胡志明宣布成立越南民主共和国。1954年，越共于“奠边府”之役战胜法国，双方签署《日内瓦停战协定》，以北纬17度将越南划分为二。1975年南北越正式合并，1976年更名越南社会主义共和国。

历史上的越南法律制度深受中华法系影响，采取诸法合体的立法模式，没有专门的民事立法。至法属殖民期间，越南即被强行划分成了交趾支那（南圻）、安南（中圻）、东京（北圻）三部分。南圻直接适用法国法律，中圻和北圻适用以阮朝政权名义颁布的本地法。在南圻，法国殖民者制定了仅适用于南圻的《南圻民法典》，该法典机械地照抄了1804年法国《民法典》的部分内容。在中圻和北圻，阮朝政权于1931年颁行《北圻民法典》，共4卷1455条；1936年颁行《中圻民法典》，共5卷1709条。其中最具代表性的是《北圻民法典》，该法典既继承了《洪德法典》和《嘉隆法典》中的许多制度，又大量吸收、借鉴了法国《民法典》和瑞士《民法典》，体现了借鉴和融合的特点。

越南南北分治时期，由于当时属于战争状态，社会关系变化多端，北部政权主要精力放在抗美和南北统一战争上，制定的法律甚少，尚未有一部法典。而南方政权则制定了几部法典，其中包括一部《民法典》。但随着1975年越南统一，南方政权的法律制度都被废止了。统一后的越南在民事立法方面先后制定了《民事合同法令》《住房法令》《继承法令》《工业产权保护法令》《著作权保护法令》《从外国向越南引进技术法令》等。

从1980年开始，越南开始着手起草《越南社会主义共和国民法典》。依照1980年11月3日中央政府第350/CP号决定，民法起草委员会由司法部主持成立，包括最高人民法院、最高人民检察院、越南祖国阵线中央、越南妇女联合会、越南劳动联合会、胡志明共产主义青年团、越南法学家协会、越南农民协会。协助机关包括中央内政委员会、中央经济委员会、国会法律委员会、中央政府办公厅、国家法律学院、河内大学。由于此次起草民法典为越南社会主义共和国历史上首次，所以工作较为缓慢，从1981年到1991年之间只做了必要的准备工作，包括编译一些国家的《民法典》，如俄罗斯联邦共和国《民法典》、荷兰《民法典》、捷克《民法典》、匈牙利《民法典》、民主德国《民法典》《中华人民共和国民法通则》；编译了一些国家如法国、联邦德国、日本、加拿大、泰国等有关发展经济的民事法律；多次组织有关民法典编纂起草的研讨会，特别是有关所有权、合同、损害赔偿责任和继承等问题的讨论；司法部还邀请一些国家的法律专家来越南参加学术会议，交流经验，并请他们提出意见。同时司法部还从各部门的法律专业干部中抽选一批精干者分赴其他国家进行考察，借鉴外国民法典起草的经验，更为重要的一点就是为了保证制定出来的民法典可以与社会生活中的民事关系协调一致，委员会还组织人员对全国一些地方进行社会调查。

1991年,越南《民法典》第一稿起草完成,陆续在1992年完成了二、三、四稿,此后草案每一稿都寄送中央和地方的各机关部门进行征求意见。同时起草委员会内部也多次进行征求意见的活动,每次活动之后起草委员会都会进行综合、组织讨论、继续征求并整理。1994年6月,第九稿草案交给国会第五次会议审查,后国会返回并要求继续整理,经过多次往返、听取意见、修改整理,起草委员会形成了第十一稿草案,并把其后形成的第十二稿草案公布,向全民征求意见。经过六个月的全民征求意见活动,起草委员会对这些意见进行综合整理,并请示国会常务委员会对重大问题的处理原则。第十五稿终于在1995年10月28日的越南社会主义共和国第九届国会第八次会议上得以通过。国会决议,《越南社会主义共和国民法典》自1996年7月1日起生效,而《民事合同法令》《住房法令》《继承法令》《工业产权保护法令》《著作权保护法令》《从外国向越南引进技术法令》各法令自1996年7月1日起失效。自此越南第一部民法典制定完成,在越南称之为1995年《民法典》。1995年《民法典》分为七编,分为总则编、财产与所有权编、民事债务与民事合同编、继承编、土地使用权的转移编、智慧产权与技术转让编和涉外民事关系编,共计838条。1995年《民法典》作为越南社会主义共和国第一部民法典,囿于当时的立法经验和立法技术,存在以下不足和缺陷:(1)民法典将一些不属于平等主体之间的民事法律关系作为调整对象,对整个法律的系统性造成不良影响;(2)许多规定含义模糊不确定,适用性大受影响;(3)民法典中有许多行政关系。

随着社会和经济的发展,1995年《民法典》的一些内容已经显得落后,不能调整新的民事法律关系,与一些新颁布的法律法令相互冲突。基于这些原因,越南第十一届国会第七次会议于2005年6月14日通过了修改民法典的决议。该决议对1995年《民法典》进行了大量的补充和修改，所以称为2005年《民法典》。2005年越南民法典共7编36章777条，其基本结构与1995年《民法典》相同，但在内容上比1995年《民法典》减少61条。2005年《民法典》将一些行政管理性质及其他非平等主体之间法律关系的规定从《民法典》中删除，在立法语言表述上更为精炼。但2005年《民法典》并没有完全解决1995年《民法典》所存在的相关问题，一些行政法律关系及其他不属于平等主体之间的民事法律关系仍然存在于《民法典》中，《民法典》的结构设计不尽合理，一些法律术语含义仍然模糊不确定。

经过十年的发展，越南与国际社会经济日趋融合，其法律体系也得到进一步完备，为适应新的社会经济与法律环境，更好地服务于越南社会主义市场经济定向，越南第十三届国会第十次会议于2015年11月24日通过新的《民法典》，在越南称之为2015年《民法典》，该《民法典》于2017年1月1日起正式生效。2015年《民法典》不仅在结构和内容上进行了优化和精简，使之更符合《民法典》的法律系统，而且还将越南传统的道德价值、交易习惯与现代社会的新形势、新事物、新观点相结合，体现了在1995年《民法典》、2005年《民法典》基础上的传承和创新，具有较大的进步性。

二、2015越南《民法典》的主要内容及可取之处

（一）2015越南《民法典》的主要内容

2015年越南《民法典》分为6编27章689条，将2005年《民法典》第五编“土地使用权的转让”和第六编“知识产权和技术转让”这两部分已有专门立法的内容删除，因而较之2005年《民法典》共减少了88条。其基本结构和内容为：第一编为总则，共10章157条，规定了民法典的调整范围、基本原则和适用规则，民事权利的确立、

行使与保护，自然人、法人、家庭户和合作组的民事法律主体地位，并规定了财产、民事行为、代理、期限和时效等内容；第二编为财产的所有权及其他权利，共 4 章 116 条，规定了财产所有权和其他权利确立、行使的原则，财产所有权的内容和形式，占有的不同类型，以及相邻权、用益权、地上权等内容；第三编为义务和合同，共 6 章 335 条，其中义务部分规定了义务发生的依据以及义务的履行方式，履行义务的各种担保措施，违反义务的法律责任；合同部分规定了合同的订立过程，合同内容和履行，合同的变更、撤销、无效及其法律后果等情形；此外还对一些常用合同类型，悬赏与有奖比赛，无权代理行为，非法占有、使用财产、不当得利的返还义务，合同之外的损害赔偿责任等内容进行了规定；第四编为继承，共 4 章 54 条，规定了遗嘱继承、法定继承及遗产的清算与分割等内容；第五编为涉外民事关系的法律适用，共 3 章 26 条，规定涉外民事法律关系中关于个人和法人、财产关系、人身关系等法律适用问题；第六编为实施条款，共 2 条，规定该法典的生效时间以及生效前后相关民事关系的法律适用问题。

(二)2015 越南《民法典》的可取之处

从总体上看，2015 年越南《民法典》与前两部《民法典》一样，一如既往地传承了社会主义民法典的属性，其理论基础、结构内容、法律关系、法律术语等都在一定程度上受到了苏联民法的影响。但越南在制定和修改《民法典》的过程中，也大量借鉴了其他国家的民事立法经验，参考了发达国家合理的民事法律制度，并考虑到越南当前经济社会的发展状况和实际情形，因而使其现行的《民法典》颇具可取之处。

1. 规定了民法适用的一般规则

越南《民法典》规定该法典是调整各类民事关系的基本法，其他法律在具体领域调整的民事关系不得违反本法典所规定的基本原则。其他相关法律没有规定或其规定违反民法典的基本原则的，适用民法典的规定。如果该《民法典》与越南社会主义共和国为成员国的国际条约就某一问题规定不一致的，按国际条约款项执行。各方当事人没有协议且法律没有规定的，可按习惯执行。《民法典》对习惯进行了明确的定义，即习惯是在长时间中形成且多次重复使用的内容明确的处事规则，可以在具体的民事关系中，确定自然人、法人的权利与义务，在某一区域、民族、社区或某一民事领域内获得公认与广泛应用。对于各方没有协议、法律没有规定且没有习惯适用的，可适用相近法律的规定调整民事关系。如不能适用相近法律的，则适用《民法典》所规定的基本原则或案例、公理。这种在民法典总则编规定法律适用规则，是 1804 年法国《民法典》创设的立法例，现已成为大多数民法典的立法通例。[①] 关于民法适用的一般规则，在我国也称为法例制度，基本内容是“民事，法律所未规定者，依习惯；无习惯者，依法理”，历史上的《大清民律草案》《中华民国民法》都有此类相关规定。[②] 但 1949 年后的民事立法受到苏联民法的影响，抛却了该优良传统。在民法典的总则部分规定民法适用的一般规则，对于树立民法典在民法体系中的地位，以及解决司法实践中的具体问题都具有积极意义。

2. 对自然人民事行为能力的划分切合实际，可操作性强

越南《民法典》根据自然人的年龄、身体、精神等因素将民事行

---

① 参见杨立新：《我国民法典总则编应当规定法例规则》，载《求是学刊》2015 年第 4 期。

② 《大清民律草案》第一章为“法例”，其第一条规定“民事本律所未规定者，依习惯法；无习惯法者，依法理”；《中华民国民法》第一章也为“法例”，其第一条是“民事，法律所未规定者，依习惯；无习惯者，依法理”。

为能力进行了十分具体和明确的划分，具体包括成年人、未成年人、失去民事行为能力人、辨认和控制自身行为有困难的民事行为能力人、限制民事行为能力人五种类型。成年人是指年满十八周岁自然人，具有完全的民事行为能力，但法律所规定的特别情况除外。未成年人是指未满十八周岁的自然人，其中未满六周岁的未成年人为无民事行为能力人，其民事行为由其法定代理人确立、实施；年满六周岁但未满十五周岁的未成年人在确立、实施民事行为时应得到其法定代理人的同意，但符合其年龄的日常生活需求的民事行为除外；年满十五周岁但未满十八周岁的未成年人可自己确立、实施民事行为，但进行与不动产、需登记的动产相关的民事行为和法律所规定的其他民事行为时，应获得法定代理人的同意。失去民事行为能力人是指患精神病或其他疾病而不能辨认、控制自身行为的人，根据权利、利益相关人或有关机关、组织的要求，由法院依据精神病司法鉴定证明判决宣布此人为失去民事行为能力人。辨认、控制自身行为有困难的民事行为能力人是指成年人由于身体或精神原因不能完全辨认、控制自身行为但未到无民事行为能力程度，根据本人、利益相关人或有关机关、组织的要求，法院依据精神病司法鉴定证明判决此人为辨认、控制自身行为有困难的民事行为能力人，并指定监护人，明确监护人的权利、义务。限制民事行为能力人是指吸食毒品、使用其他兴奋剂而导致破坏家庭财物的人，根据利益相关人或有关机关、组织的要求，由法院判决其为限制民事行为能力人，法院同时指定限制民事行为能力人的法定代理人与代理范围；被法院判决为限制民事行为能力人实施与财产相关的民事行为应征得法定代理人的同意，但以满足日常生活需求为目的的民事行为或相关法律另外规定的民事行为除外。当不再有证据证明其为无民事行为能力人、辨认控制自身行为有困难的民事行为能力人或限制民事行为能力人的，则根据本人、利益相关人或有关机关、组织的要求，法院判决撤销其失去民事行为能力、辨认控制自身行为有困难的民事行为能力人或限制民事行为能力人的决定。

这些关于自然人民事行为能力的规定十分切合实际，可操作性强。如越南民法典规定"年满十五周岁但未满十八周岁的未成年人可自己确立、实施民事行为，但进行与不动产、需登记的动产相关的民事行为和法律所规定的其他民事行为时，应获得法定代理人的同意"，这与我国《民法总则》规定的"十六周岁以上的未成年人，以自己的劳动收入为主要生活来源的，视为完全民事行为能力人"相比，更切实可行。对于吸食毒品、使用其他兴奋剂而导致破坏家庭财物的人，根据利益相关人或有关机关、组织的要求，由法院判决其为限制民事行为能力人，也颇具现实必要性。

3. 关于人身权的规定明确详尽，并体现出传承与创新相结合的特征

相对于我国《民法总则》关于人身权的内容只有简单的 4 个条文规定，且相关权利只有概念而无内容，越南《民法典》总则用了 15 个条文共 4000 多字的篇幅详尽规定了人身权的内容。越南《民法典》规定的人身权包括姓名权，姓氏变更权，名字变更权，确定、重新确定民族成分的权利，出生登记、死亡登记权，国籍变更权，肖像权，生存权，生命、健康、身体安全保障权，名誉、人格、威信受保护的权利，人体细胞、器官的捐献、接收以及遗体捐献、使用的权利，重新鉴定性别的权利，性别变更权，个人生活隐私、个人秘密、家庭秘密权，婚姻与家庭关系中的人身权等多项人身权利，并对每项人身权利的内容和实现的保障进行了具体规定。

越南《民法典》对传统的人身权利进行了全面的保护，并要求发现他人遭遇灾难、身患疾病且生命受到威胁的人有责任或要求有必

要能力的他人、机关、组织将患者送到最近的治疗中心、医院；治疗中心、医院有责任对患者进行诊断、治疗，这体现了越南民法典对救困扶伤这种传统道德的弘扬。与此同时，越南《民法典》关于人体细胞、器官的捐献、接收以及遗体捐献、使用，重新鉴定性别，以及性别变更等权利的规定，也体现其对新事物、新观念的吸纳包容。

4. 监护制度的设置较为合理，重视对被监护人权益的保护

越南民事法律体系将亲权与监护权进行了区分。亲权是指父母对未成年子女在人身和财产方面的管教和保护的权利义务的总称，在有亲权人的情况下，监护则不生效力，只有在没有亲权人，亲权人不能行使亲权或被剥夺亲权的情况下，才能设立监护。因此，越南《民法典》中的监护制度只对以下人员适用：无父、母或无法确定父、母的未成年人；有父、母但父母双方都为失去民事行为能力人的未成年人；有父、母但父母双方都为辨认和控制自身行为有困难的民事行为能力人的未成年人；有父、母但父、母为限制民事行为能力人的未成年人；父、母双方都被法院剥夺子女监护权的未成年人；父、母双方都为不具备照顾、教育子女条件的未成年人以及要求有监护人的未成年人；失去民事行为能力人；辨认和控制自身行为有困难的民事行为能力人。监护人的选择分为两类：一类是从法律规定的监护顺序人中选择，一般都是除父母之外的近亲属；一类是推举的监护人，即在没有法律规定的监护顺序人的情况下，被监护人住所地的镇级人民委员会有责任为其推举监护人。可见，越南监护制度吸收了大陆法系《民法典》的优点，对监护制度的规定较为全面，理论基础和逻辑体系更为合理。

越南《民法典》对监护人的条件和范围、成为监护人的程序、监护人权利和责任、监护人的变更、撤销、终止、监护移交、财产管理和移交等内容都作了明确的规定。不仅如此，为了让被监护人得到更

为有效的监护,《民法典》还设立了监护监管制度。监护监管人由被监护人的近亲属协商推荐。被监护人的近亲属可推荐被监护人的近亲属或其他自然人、法人作为监护监管人。如被监护人没有近亲属或被监护人的近亲属没有被推荐、选择成为监护监管人的,由被监护人住所地的镇级人民委员会推荐自然人或法人成为监护监管人。如监护监管人的推荐、选择有争议的,由法院决定监管人。监护监管人的权利、义务有:跟踪、检查监护人的监护情况;被监护人的大额财产的出售、交换、出租、外借、质押、抵押、定金交付和其他民事行为应获得监护监管人的同意;要求相关监护管理的国家机关审查变更或终止监护和监护监管行为。监护监管制度体现了越南《民法典》重视对被监护人权益的保障。

5. 对于下落不明人员的处理制度较为周全

对于下落不明人员的处理,越南《民法典》除了各国普遍存在的宣告失踪和宣告死亡制度外,还规定了一种寻人通告制度。寻人通告制度是指自然人下落不明满六个月的,其利害关系人有权根据民事诉讼相关法律规定,要求法院发布寻找离开住所地人员通告,并要求法院依法对该人员财产的管理进行判决。根据利害关系人的要求,法院可将离开住所地人员的财产移交给以下人员管理:(1)离开住所地人员已授权他人管理的财产,由被授权人继续管理;(2)共同财产的,由共同财产的其他所有人继续管理;(3)由配偶管理财产的,则其配偶继续管理;如配偶死亡或为失去民事行为能力人、辨认和控制自身行为有困难的民事行为能力人或限制民事行为能力人的,财产则交由其成年子女或其父、母管理。如没有以上人员的,法院在离开住所地人员的亲属中指定一人对其财产进行管理;如没有亲属的,法院指定其他人员对其财产进行管理。离开住所地人员财产管理人有义务保护、保管离开住所地人员的财产,对财产中的鲜活、易腐易损品可立即出售，并根据法院判决，使用离开住所地人员的财产替其履行赡养和抚养义务、支付到期债务及其他经济义务。

寻人通告制度有效地填补了下落不明人员在被法院宣告失踪之前财产管理和处理上的空白期，一方面可以保护下落不明人员的财产，另一方面可以防止下落不明人员故意躲避民事义务，有效保护利害关系人的合法权益。

6. 立法技术处理较为科学

在结构形式上，越南《民法典》采取“编”“章”“节”“条”“款”“项”的格式进行立法，其中“编”“章”“节”“条”都设有标题，层次分明，条理清晰，体现了较高的立法技术。特别是其法条标题的设置，用精炼的语句体现法条的内容，不仅对法条本身有称名和概括功能，令其方便查找援引，而且对整个《民法典》的整体构造也具有重要的辖制和整合功能，避免法条之间逻辑杂乱、内容重复等现象的发生。对于内容庞杂的《民法典》来说，这种立法技术的处理颇具可取之处。在我国现行立法中，“编”“章”“节”层级是有标题的，但至“条”这一层级便没有设置标题，这是立法的一个缺憾。在中国的传统法典中一般都设有条标，无论是《唐律》《宋刑统》，还是《大明律》《大清律例》等都是如此。[①] 当今大多数国家和地区的民法典立法都在每一法条前设置有标题，甚至一些最初没有为《民法典》设置条标的国家，但在其后的法律修改中也添加了条标，如日本《民法典》、德国《民法典》、韩国《民法典》等。[②] 可见，在法典中设置条标既是我国历史悠久的立法传统，也是目前国际上较为通行的立法技术规则。因

① 王立民：《中国传统法典条标的设置与现今立法的借鉴》，见何勤华主编：《民法典编纂论》，商务印书馆 2016 年版，第 29 页。

② 参见刘风景：《法条标题设置的理据与技术》，载《政治与法律》2014 年第 1 期。

此，许多民法学者主张在我国《民法典》的编纂中，要借鉴中国传统法典中条标的设置经验和国外的立法技术规则，为我国即将问世的《民法典》设置条标，一些学者甚至已经做了实际的尝试，如梁慧星教授负责的《中国民法典草案建议稿》、杨立新教授执笔的《中华人民共和国民法·总则编建议稿》以及中国民法学研究会的《中华人民共和国民法典·民法总则专家建议稿》等，都为每个法条设置了条标。[①] 越南的民事法律制度的理论基础和体系结构与我国较为相似，其《民法典》中条标的设置也是值得我们借鉴和参考的。

在内容布局上，越南《民法典》不在总则中规定统一的民事责任制度。鉴于物权请求权、合同责任、侵权责任在性质上的不同，越南《民法典》没有在总则中规定统一的民事责任制度，而是将民事责任问题分散规定在各分则中。我国民法学界对应否在总则中规定统一的民事责任制度存在较大的分歧，越南《民法典》的立法实践可以为该问题提供一定的参考。

三、关于该中译本的几点说明

（一）翻译的必要性和实际意义

越南《民法典》调整民事领域各种社会关系，在其法律体系中的重要性仅次于宪法，其颁布和修订皆为越南立法进程中的大事件。我国学者对越南《民法典》的颁布与修订都较为关注，此前两部越南《民法典》皆有中译本及时问世。1995 年越南《民法典》中译本由米良翻译，云南大学出版社 1998 年 6 月出版；2005 年越南《民法典》中译本由吴远富翻译，厦门大学出版社 2007 年 6 月出版。2015 年越南《民法典》与此前两部民法典相比较，结构和内容都有了较大的调

---

① 参见何勤华主编：《民法典编纂论》，商务印书馆 2016 年版，第 227—394 页。

整，不仅删除了“土地使用权的转让”和“知识产权和技术转让”两编内容，更重要的是对《民法典》调整的法律关系主体范围、基本原则、效力层级、民事权利的保护、期限与时效、财产所有权、合同、民事责任等内容都做了相应的调整与修改。前两版中译本已经完全不符合现在的需要，如果不及时更新翻译，容易对我国的理论研究者和实务应用者产生误导，并可能给涉越商贸往来者造成不必要的损失。因此，翻译2015年越南《民法典》具有紧迫的必要性。

越南现在的法律制度既保留了传统法律文化的基础，又移植了西方国家的先进法律制度的内容，具有一定的多元共生性和先进合理性，这些制度在一个与我国具有相似的社会制度、文化传统及政治经济发展状况的国家存在并运行所产生的经验和教训，无疑能为进一步推进我国法律制度改革提供一面镜子，为我国法律制度的改革与完善发挥一定的试验田功能。特别是在我国的《民法典》立法工作正如火如荼地进行之时，越南民法典对我国民法典立法具有更加直观的参考价值。2015年越南《民法典》中译本将为我国的立法者和理论研究者进一步探讨民法典编纂问题提供许多基础素材。

近些年随着中国—东盟自由贸易区的建立和发展，以及我国“一带一路”倡议和中国企业“走出去”战略的不断推进，越来越多的中国公民、企业到越南投资、经商、文化交流或旅游观光，跨国诉讼、仲裁案件及其他法律纠纷也随之不断增加。为了保障中国企业和公民在越南的合法权益，对其民商法律制度进行了解是十分必要的，而越南民法典是越南其他民商事法律之源，与民法典相冲突的法律规定基本以民法典为准。因此，2015年越南《民法典》中译本可以为中国在越投资、经商、文化交流、旅游等活动的相关单位和个人提供的法律参考，具有较大的实际意义。

（二）翻译版本的选择及相关术语的处理

该中译本是根据越南国会的公报文本以及越南洪德出版社于2016年正式出版的《2015年越南民法典》越文版对照翻译而成，版本十分权威、准确。与以前出版的1995年越南《民法典》和2005年越南《民法典》的翻译方式不同，该中译本的翻译采取了中越两国法律和语言专家合作翻译的方式，力求用准确的法律术语原汁原味地表述出越南语版本的内容，为大家呈现出一本高质量的越南《民法典》中译本。

由于越南语中的法律术语大量使用借汉词，许多越文词汇与汉语词汇相对应，其中有些越文法律术语与中文法律术语表述一致，含义相同，译者对这些词汇采取直接对应翻译的方式。有些越文法律术语的表述与中文法律术语的表述不一致，如"民事权利能力"在越南民法典中被称为"民事法律能力"，"处分权"被称为"定夺权"，"民事行为"被称为"民事交易"等等，译者根据中文术语的习惯，均采用了中文的习惯用法。有些中越文表述不一致的词汇，译者认为越文的表述方式更为准确，便沿用了越南的术语，如在人身权部分，《越南民法典》所称的"威信"与我国《民法总则》中的"荣誉"权利是相似的，但译者认为"威信"一词比"荣誉"更为客观、全面。因为"荣誉"往往需要载体，而对于通过长期积累而又没有具体载体的社会地位、信誉等权益，"荣誉权"一词是无法涵盖的；另一方面，在如今各种"荣誉"鱼龙混杂的情况下，荣誉权并不容易界定，"威信"一词所表现出的内涵和外延更能体现出该项权利的本质。还有些中越文表述完全相同的术语，但在涵义上是有区别的，如"限制民事行为能力人"，在越南是指吸食毒品、使用其他兴奋剂而导致破坏家庭财物而被法院判决其为限制民事行为能力的人，与我国《民法总则》中的"限制民事行为能力人"的概念完全不同。因此，在阅读该译本时，不能完全以我国的民法话语体系来理解越南《民法典》。

此外，需要特别说明的是关于第三编“义务与合同”中的术语翻译。按民法法系的通行理论和法典结构，该编译成“债与合同”是比较符合习惯用语的，译者在翻译过程中也曾试图作这样的处理。但越南《民法典》中并没有使用“债”的概念，而是统一使用了“义务”一词，尽管该编的“义务”有点类似于“债”，然而从法条内容上看，立法者是将之作为一种“法律义务”来制定法条的，译者很难将之作“债”与“义务”的区分。因此，为了保持其原意，译者最终一律将之直译为“义务”，而没有将之译为“债”。

伍光红

2017 年 8 月

目　录

第一编　总则 ………………………………………………… 2

第一章　通则 ………………………………………………… 2

第二章　民事权利的确立、行使与保护 ………………………… 4

第三章　自然人 ……………………………………………… 6

第一节　自然人的民事权利能力与民事行为能力…………… 6

第二节　人身权 ……………………………………………… 8

第三节　住所 ………………………………………………… 16

第四节　监护 ………………………………………………… 17

第五节　寻人通告，宣告失踪，宣告死亡 ……………………… 25

第四章　法人 ………………………………………………… 29

第五章　民事关系中的越南社会主义共和国政府、中央及地方国家机关 ………………………… 35

第六章　家庭户、合作组与其他在民事关系中不具有法人资格的组织 ……………………… 36

第七章　财产 ………………………………………………… 38

第八章　民事行为 …………………………………………… 40

第九章　代理 ………………………………………………… 46

第十章　期间和时效 ………………………………………… 51

第一节 期间 …… 51
第二节 时效 …… 53

第二编 财产所有权和其他权利 …… 57

第十一章 一般规定 …… 57
第一节 财产所有权和其他权利确立、行使的原则 …… 57
第二节 财产所有权和其他权利的保护 …… 58
第三节 财产所有权和其他权利的限制 …… 60
第十二章 占有 …… 63
第十三章 所有权 …… 65
第一节 所有权内容 …… 65
第二节 所有权形式 …… 67
第三节 所有权的取得和消灭 …… 73
第十四章 其他财产权利 …… 81
第一节 相邻不动产权 …… 81
第二节 用益权 …… 84
第三节 地上权 …… 86

第三编 义务与合同 …… 88

第十五章 一般规定 …… 88
第一节 义务产生的依据及对象 …… 88
第二节 履行义务 …… 89
第三节 履行义务的担保 …… 92
第四节 民事责任 …… 109
第五节 转让请求权和转让义务 …… 112

第六节　终止义务 …… 114
第七节　合同 …… 116
第十六章　一些通用合同 …… 129
第一节　财产买卖合同 …… 129
第二节　财产交换合同 …… 137
第三节　财产赠与合同 …… 138
第四节　财产借贷合同 …… 139
第五节　财产租赁合同 …… 142
第六节　财产借用合同 …… 147
第七节　关于土地使用权的合同 …… 149
第八节　合作合同 …… 149
第九节　服务合同 …… 152
第十节　运输合同 …… 154
第十一节　加工合同 …… 160
第十二节　财产寄存合同 …… 162
第十三节　委托合同 …… 165
第十七章　悬赏和有奖比赛 …… 167
第十八章　无因管理 …… 168
第十九章　非法占有、使用财产及不当得利的归还义务 …… 169
第二十章　合同外的侵权赔偿责任 …… 171
第一节　一般规定 …… 171
第二节　确定损失 …… 172
第三节　某些具体情况下的损害赔偿 …… 175

第四编　继承 …… 179

第二十一章　一般规定 …… 179

第二十二章　遗嘱继承 …… 183

第二十三章　法定继承 …… 191

第二十四章　结算和分割遗产 …… 193

第五编　适用于涉外民事关系的法律 …… 196

第二十五章　一般规定 …… 196

第二十六章　适用于自然人、法人的法律 …… 198

第二十七章　适用于财产关系、人身关系的法律 …… 200

第六编　执行条款 …… 203

条标目录 …… 205

越南社会主义共和国

独立、自由、民主

国会

律字:91/2015/QH13　2015 年 11 月 24 号,于河内

《民法典》

国会根据《越南社会主义共和国宪法》颁布《民法典》。

第一编　总则

第一章　通则

第一条　调整范围

本法规定自然人、法人作为民事主体的法律地位、法律标准，以及自然人、法人在平等、自愿、独立财产和责任能力基础上所形成的财产、人身方面的权利义务关系（以下简称为民事关系）。

第二条　民事权利的承认、尊重、保障

1. 越南社会主义共和国境内，民事权利根据《宪法》和其他法律的规定，得到社会的公认、尊重、保障。
2. 民事权利只有在国防、国家安全，社会秩序、社会安全，社会道德、公民健康所需要的情况下才能根据法律规定受到限制。

第三条　民事法律的基本原则

1. 所有自然人、法人一律平等，不因任何理由而受到歧视；自然人、法人的人身与财产安全受到法律的平等保护。
2. 自然人、法人在自由、自愿承诺、协商的基础上确立、实施、终止自身的民事权利与义务。不违反法律禁止性规定和社会道德的承诺、协议对各方具有效力且可获得其他法律主体的尊重。
3. 自然人、法人应善意、诚信地确立、实施、终止自身的民事权利与义务。
4. 民事权利、义务的确立、实施、终止不得侵犯国家利益、民族利益，公共利益与其他公民的合法权利。
5. 自然人、法人不履行或不恰当履行民事义务的，应自行承担

责任。

第四条　《民法典》的适用

1. 本法是调整各类民事关系的基本大法。
2. 其他法律在具体领域调整的民事关系不得违背本法第三条所规定的基本原则。
3. 其他相关法律没有规定或其规定与本条第二款规定不一致的，按本法规定执行。
4. 如本法与越南社会主义共和国为成员国的国际条约就某一问题规定不一致的，按国际条约的规定执行。

第五条　习惯的适用

1. 习惯是在长时间中形成且多次重复使用、内容明确的处事规则，可以在具体的民事关系中，确定自然人、法人的权利与义务，在某一区域、民族、社区或某一民事领域内获得公认与广泛应用。
2. 各方没有协议且法律没有规定的，可按习惯执行，但习惯不得违反本法第三条的基本原则。

第六条　相近法律的适用

1. 属于民事法的调整范围，但各方没有协议、法律没有规定且没有习惯适用的，可适用相近法律的规定调整民事关系。
2. 如不能适用本条第一款所规定的相近法律的，则适用本法第三条所规定的基本原则、案例、公理。

第七条　国家关于民事关系的政策

1. 民事权利、义务的确立、实施、终止应保持越南各民族的民族特色，尊重、发挥各民族优秀的风俗、习惯、传统、团结情谊以及相亲相爱、个人为社会、社会为人人的高尚社会道德。
2. 法律鼓励民事关系中的各方根据法律规定进行和解。

第二章 民事权利的确立、行使与保护

第八条 民事权利确立的依据

民事权利确立的依据如下：

1. 合同；
2. 单方法律行为；
3. 法院、其他职权机关的依法决定；
4. 劳动、生产、经营成果；创新出具有知识产权的成果；
5. 占有财产；
6. 使用财产，不当得利；
7. 因违法行为导致损失；
8. 实施未经授权的行为；
9. 法律规定的其他根据。

第九条 民事权利的行使

1. 自然人、法人根据自身意志行使民事权利，但不得违反本法第三条与第十条的规定。
2. 自然人、法人不行使自身民事权利并不能作为民事权利终止的依据，但法律另有规定的除外。

第十条 行使民事权利的限制

1. 自然人、法人不得滥用自身民事权利，损害他人权利，违反自身义务或达到非法目的。
2. 自然人、法人不遵守本条第一款规定的，法院或其他职权机关可根据违法行为的性质、后果，不对其部分或全部权利进行保护；如对他人造成损失的，法院或其他职权机关可强制要求其赔偿他人损失，或依法采取其他制裁措施。

第十一条　民事权利的保护措施

自然人、法人的民事权利受到侵犯的，其有权根据本法、其他相关法律的规定保护自身权利，或要求职权机关、组织：

1. 承认、尊重、保护自身的民事权利；
2. 强制对方停止侵权行为；
3. 强制对方公开道歉、改正错误；
4. 强制对方履行义务；
5. 强制对方赔偿损失；
6. 要求废止行使职权的机关、组织、个人的不合法决定；
7. 其他合法要求。

第十二条　自身民事权利的保护

自身民事权利的保护应与民事权利的性质、受损害程度相符，且不得违反本法第三条所规定的基本原则。

第十三条　赔偿损失

自然人、法人的民事权利受到损害的可获得全部赔偿，但双方达成协议或法律另外规定的除外。

第十四条　通过职权机关保护民事权利

1. 法院、其他职权机关有责任尊重、保护自然人、法人的民事权利。

   自然人、法人的民事权利受到侵犯或发生争议的，可依法向法院或仲裁机关提起诉讼或仲裁来保护自身权利。

   在法律规定的情形中，行政机关可以按照行政手续保护民事权利。按照行政手续处理的民事决定可以通过法院进行诉讼审查。

2. 法院不得以尚未有相关法律规定为由不受理民事诉讼、调解申请。如尚未有相关法律规定的，适用本法第五条与第六条的规定。

第十五条　职权机关、组织、个人的不合法个别决定之撤销

在处理民事权利保护申请时，法院或其他职权机关有权撤销职权机关、组织、个人的不合法个别决定。如法院或其他职权机关撤销不合法个别决定的，自然人、法人所遭受侵犯的民事权利得以恢复，或根据本法第十一条的规定恢复民事权利，且受本法第十一条规定的保护。

第三章　自然人

第一节　自然人的民事权利能力与民事行为能力

第十六条　自然人的民事权利能力

1. 自然人的民事权利能力是指自然人享有民事权利与承担民事义务的资格。
2. 所有自然人都享有同样的民事权利能力。
3. 自然人的民事权利能力始于出生，终于死亡。

第十七条　自然人民事权利能力的内容

1. 与财产无关的人身权和与财产相关的人身权。
2. 财产所有权、继承权与其他财产权利。
3. 民事关系参与权与民事关系参与后的义务。

第十八条　自然人的民事权利能力不受限制

自然人的民事权利能力不受限制，但本法或其他相关法律另有规定的除外。

第十九条　自然人的民事行为能力

自然人的民事行为能力是指自然人通过自身行为来确立、行使民事权利与承担民事义务的资格。

第二十条　成年人

1. 成年人是指年满十八周岁的自然人。
2. 成年人具有完全的民事行为能力，但本法第二十二条、二十三条与二十四条所规定的情况除外。

第二十一条　未成年人

1. 未成年人是指未满十八周岁的自然人。
2. 未满六周岁的未成年人的民事行为由其法定代理人确立、实施。
3. 年满六周岁但未满十五周岁的未成年人在确立、实施民事行为时应得到其法定代理人的同意，但符合其年龄的日常生活需求的民事行为除外。
4. 年满十五周岁但未满十八周岁的未成年人可自己确立、实施民事行为，但进行与不动产、需登记的动产相关的民事行为和法律所规定的其他民事行为时，应获得法定代理人的同意。

第二十二条　失去民事行为能力

1. 患精神病或其他疾病而不能辨认、控制自身行为的，则根据权利、利益相关人或有关机关、组织的要求，法院根据精神病司法鉴定证明判决宣告此人为失去民事行为能力人。

   当不再有证据证明某人无民事行为能力的，则根据本人、利益相关人或有关机关、组织的要求，法院判决撤销其失去民事行为能力的判决。
2. 失去民事行为能力人的民事行为由法定代理人进行。

第二十三条　辨认、控制自身行为有困难的民事行为能力人

1. 成年人由于身体或精神原因不能完全辨认、控制自身行为但未到无民事行为能力程度的，根据本人、利益相关人或有关机关、组织的要求，法院根据精神病司法鉴定证明判决此人为辨认、控制自身行为有困难的民事行为能力人，并指定监护人，明确监护人的权利、义务。

2. 当不再有证据证明某人是辨认、控制自身行为有困难的民事行为能力人的，则根据本人、利益相关人或有关机关、组织的要求，法院判决撤销其辨认、控制自身行为有困难的民事行为能力人的判决。

第二十四条　限制民事行为能力

1. 吸食毒品、使用其他兴奋剂而导致破坏家庭财物的，则根据利益相关人或有关机关、组织的要求，法院可判决此人为限制民事行为能力人。

法院指定限制民事行为能力人的法定代理人与代理范围。

2. 被法院判决为限制民事行为能力人与财产相关的民事行为应征得法定代理人的同意，但以满足日常生活需求为目的的民事行为或相关法律另外规定的民事行为除外。

3. 当不再有证据证明某人是限制民事行为能力人的，根据本人、相关利益人或有关机关、组织的要求，法院判决撤销其限制民事行为能力人的判决。

第二节　人身权

第二十五条　人身权

1. 本法所规定的人身权是与自然人本人密切相关的民事权利，不得移交他人，但其他相关法律另有规定的除外。

2. 根据本法、其他相关法律的规定或法院判决，未成年人、失去民事行为能力人、辨认和控制自身行为有困难的民事行为能力人确立、实施与人身权利相关的民事关系应征得其法定代理人的同意。

与被宣告失踪人、死亡人的人身权利相关的民事关系的确立、实施，应征得其配偶或成年子女的同意。如没有配偶或成年子女的，应征得其父母的同意，但本法、其他相关法律另有规定的情况除外。

第二十六条　姓名权

1. 自然人享有获得姓名（包括衬字，如有）的权利。[①] 姓名根据本人的出生证明确定。

2. 根据父母的协商决定，子女使用生父或生母的姓氏；如父母没有进行协商的，其子女的姓氏根据习俗决定。如不能确定生父的，子女使用生母的姓氏。

孩子被遗弃且无法确定生父母，并被他人收养的，根据养父母的商定，其使用养父或养母的姓氏；如只有养父或养母的，其使用收养人的姓氏。

孩子被遗弃、无法确定生父母且未被他人收养的，孩子的姓氏根据其领养机构负责人的建议决定，如孩子被暂时收养的，根据孩子出生登记时的暂时收养人的建议决定。

本法所规定的生父母是根据生育事件来确认的；代孕与代孕所生育的孩子则根据《婚姻与家庭法》的规定决定。

3. 取名不得侵犯他人合法权益或违反本法第三条所规定的基本原则。

越南公民的名字应使用越南语或越南其他民族的文字；不得用数字或不是文字的记号来取名。

---

① 越南人名第一个字为姓，最后一个字为名，姓和名之间的字即为“衬字”。——译者

4. 自然人通过本人的姓名来确立、实施民事权利、义务。

5. 化名、笔名的使用不得侵犯他人的合法权益。

第二十七条　姓氏变更权

1. 在以下情况中,自然人有权要求职权机关承认以下的姓氏变更行为:

(1)将亲生子女的姓氏由父姓变为母姓,或由母姓变为父姓的;

(2)养父母将养子女的姓氏由生父姓氏或生母姓氏变为养父姓氏或养母姓氏的;

(3)结束收养关系后且养子女本人或养子女的生父母要求变更其姓氏为生父姓氏或生母姓氏的;

(4)在确定孩子的生父母后,根据生父母要求变更子女姓氏或根据本人要求变更自己姓氏的;

(5)流落他乡的自然人在找到自己的血统根源后变更自己姓氏的;

(6)在涉外婚姻关系中,为了符合外国配偶所在国的法律规定而将自己姓氏变为配偶姓氏的,或重新用回变更前姓氏的;

(7)父、母变更姓氏后,随之变更子女姓氏的;

(8)户籍相关法律所规定的其他情况。

2. 年满九周岁的自然人的姓氏变更,应征得其本人的同意。

3. 自然人姓氏变更并不导致其用以前姓氏所确立的民事权利义务变更或终止。

第二十八条　名字变更权

1. 在以下情况下,自然人有权要求职权机关承认以下的名字变更行为:

(1)名字产生混淆,影响到家庭感情、本人名誉及合法权益的,根据本人要求变更名字;

(2)根据养父母的要求变更养子女的名字或结束收养关系后，本人或生父母要求重新使用以前生父母所取名字的；

(3)在确定孩子的生父母后，根据生父母或本人要求变更名字的；

(4)流落他乡的自然人在找到自己的血统根源后变更自己名字的；

(5)在涉外婚姻关系中，为了符合外国配偶所在国的法律规定而变更配偶名字的，或重新用回变更前名字的；

(6)重新认定性别的自然人、变性人的名字修改；

(7)户籍相关法律所规定的其他情况。

2. 年满九周岁的自然人的名字变更，应征得其本人的同意。

3. 自然人名字变更并不导致其用以前名字所确立的民事权利义务变更或终止。

第二十九条　确定、重新确定民族成分的权利

1. 自然人有要求确定、重新确定自己民族成分的权利。

2. 出生后，自然人的民族成分可随生父母。如生父母属于不同民族的，孩子的民族成分可根据父母的商定选择随生父或生母。如父母没有商定的，孩子的民族成分根据风俗习惯决定；如风俗习惯不一致的，孩子的民族成分随民族人数更少的一方。

孩子被遗弃且无法确定生父、生母，并被他人收养的，孩子的民族成分根据养父母的商定选择随养父或养母。只有养父或养母的，孩子的民族成分随收养人的民族成分。

孩子被遗弃，无法确定生父母且尚未被他人收养的，孩子的民族成分根据收养机构负责人的建议决定，或根据孩子出生登记时的暂时收养人的建议决定。

3. 在以下情况中，自然人有权要求国家职权机关重新认定民族成分：

(1)如生父母属于不同民族的，根据生父或生母的民族成分重新确定自己的民族成分；

(2)如被收养子女找到自己生父母的，根据生父、生母的民族成分重新确定自己的民族成分。

4. 年满十五周岁但尚未年满十八周岁的未成年人的民族成分的重新确定，应征得其本人的同意。

5. 不得利用重新认定民族成分来牟利或分裂、损害越南民族团结。

第三十条 出生登记、死亡登记权

1. 自然人在出生后，有要求开具出生证明的权利。

2. 自然人死亡后应进行死亡登记。

3. 出生后存活超过二十四小时的婴幼儿应进行出生登记与死亡登记；在出生后二十四小时内去世的婴儿则无应进行出生登记与死亡登记，但生父母另有要求的除外。

4. 出生登记、死亡登记按户籍法律的规定执行。

第三十一条 国籍变更权

1. 自然人有拥有国籍的权利。

2. 越南国籍的确定、变更、加入、放弃、重新取得按越南国籍法的规定执行。

3. 在越南领土范围内居住、生活的无国籍人士的权利受法律保护。

第三十二条 自然人肖像权

1. 自然人具有自己肖像的肖像权。

使用他人肖像的，应征得其本人同意。

因商业目的而使用他人肖像的，应支付被使用人报酬，但双方另有协议的除外。

2. 在以下情况下使用他人肖像的，无需征得被使用人或其法定代理人的同意：

(1)因国家、民族利益及公共利益而使用他人肖像的；

(2)来源于公共活动，包括会议、研讨会、体育竞赛、艺术表演与其他公共活动中的肖像，且肖像使用不损害被使用人名誉、人格、威信的。

3. 如肖像使用违反本条规定的，肖像被使用人有权要求法院判决相关违法人和有关机关、组织、个人收回、销毁、停止使用肖像，赔偿损失并依法采取其他处理办法。

第三十三条 生存权，生命、健康、身体安全保障权

1. 自然人享有生存权，生命、身体不受侵犯权，健康受法律保护的权利。任何人的生命不受非法剥夺。

2. 发现他人遭遇灾难、身患疾病且生命受到威胁的，发现人有责任或要求有必要能力的他人、机关、组织将患者送到最近的治疗中心、医院；治疗中心、医院有责任根据疾病诊断、治疗相关法律的规定对患者进行诊断、治疗。

对人体细胞、器官进行麻醉、做手术、切除、移植，在人体上应用新技术、新型诊断、治疗方法，在人体上进行医学、药学、科学实验或其他任何形式的人体实验等，都应征得患者的同意且由职权机关组织实施。

如被实验人是未成年人、失去民事行为能力人、辨认与控制自身行为有困难的民事行为能力人的，或病人处于昏迷状态的，应征得其父母、配偶、成年子女或监护人的同意。

如病人的生命受到威胁且情况紧急，没有时间等待以上人员同意的，应征得治疗中心、医院有职权人员的同意。

4. 具有以下情形之一的，可进行尸体检查：

(1)死者生前同意的；

(2)如死者生前没有相关遗言，但征得父母、配偶、成年子女或监护人同意的；

(3)在法律规定的情况下，根据治疗中心、医院负责人或国家职权机关的决定而进行的。

第三十四条　名誉、人格、威信受保护的权利

1. 自然人的名誉、人格、威信不可侵犯且受法律保护。

2. 自然人有权要求法院下令撤回对自己名誉、人格、威信造成负面影响的信息。

自然人死亡后，其个人的名誉、人格、威信可根据配偶或成年子女的要求来进行保护；没有配偶和成年子女的，可根据其父母的要求来保护死者的名誉、人格、威信，但法律另有规定的除外。

3. 登载在公共媒体上且对个人名誉、人格、威信造成负面影响的信息应在其登载媒体上撤回、改正。如已被机关、组织、个人保存的，应销毁。

4. 无法确定影响个人名誉、人格、威信的信息散布者的，受害人有权要求法院宣告此信息不实。

5. 由于负面信息而名誉、人格、威信受损的受害者有权要求撤回此信息，并可要求信息散布者公开道歉、改正与赔偿损失。

第三十五条　人体细胞、器官的捐献、接收与遗体捐献、使用的权利

1. 出于为他人治病，或进行医学、药学研究及其他科学研究的目的，自然人有权在生前捐献自身身体细胞、器官，或身故后捐献自身身体细胞、器官、遗体。

2. 自然人有接收他人身体细胞、器官来治病的权利。医院、治疗中心、科学研究职权部门有接收、使用人体器官、遗体来治疗疾病，进行医学、药学实验与其他科学研究的权利。

3. 人体细胞、器官的捐献、摘取，遗体的捐献、使用应符合本法、《人体细胞、器官捐献、摘取、移植与遗体捐献、使用法》及其他相关法所规定的条件并根据其规定执行。

第三十六条　重新鉴定性别的权利

1. 自然人有进行性别鉴定的权利。

一个人的性别在具有天生缺陷或尚未完整定型且需要医学干预来确定性别的情况下，可以进行性别鉴定。

2. 性别鉴定须依据法律规定进行。

3. 已进行性别鉴定的自然人有权利和义务根据法律关于户籍的规定，申报修改户籍登记；并根据本法与其他相关法律的规定，享有符合其鉴定后性别的人身权利。

第三十七条　性别变更

性别变更应根据法律规定进行。已经进行性别变更的自然人有权利和义务根据法律关于户籍的相关规定，申报修改户籍登记；并根据本法与其他相关法律的规定，享有符合其变更后性别的人身权利。

第三十八条　关于个人生活隐私、个人秘密、家庭秘密的权利

1. 个人生活隐私、个人秘密、家庭秘密不可侵犯且受法律保护。

2. 收集、留存、使用、公开与他人生活隐私、个人秘密相关的信息应获得信息被使用人的同意；收集、留存、使用、公开与他人家庭秘密相关的信息应获得被使用信息家庭所有成员的同意，但法律另有规定的除外。

3. 个人的书信、电话、电报、电子资料与其他私人信息交流资料受安全保障和保密。只可在法律所规定的情况下，打开、检查、收集、留存他人的书信、电话、电报、电子资料与其他私人信息交流资料。

4. 合同的各方不得泄露在合同的签署、履行过程中所知晓的对方个人生活隐私、个人秘密、家庭秘密，但合同另有协议的除外。

第三十九条　婚姻与家庭关系中的人身权

1. 自然人享有结婚、离婚权，夫妻平等权，确定父母、子女的权利，被收养为养子女的权利，抚养养子女的权利和在婚姻关系、父母与子女关系以及各家庭成员间关系中的其他人身权利。
2. 自然人根据本法、《婚姻与家庭法》与其他相关法律的规定，行使婚姻与家庭关系中的人身权。

第三节　住所

第四十条　自然人住所

1. 自然人住所为其经常生活所在地。
2. 根据本条第一款的规定不能确定自然人住所的，其住所为现在生活所在地。
3. 民事关系中的一方变更住所影响到相关的权利、义务实施的，应将新住所通知民事关系中的另一方。

第四十一条　未成年人的住所

1. 未成年人的住所为其父母的住所；如其父母住所不一致的，未成年人的住所为其与父或母经常共同生活的父亲住所或母亲住所。
2. 如父母同意或法律另有规定的，未成年的住所可与父母的住所不一致。

第四十二条　被监护人的住所

1. 被监护人的住所为其监护人的住所。
2. 如监护人同意或法律另有规定的，被监护人的住所可与监护人的住所不一致。

第四十三条　夫妻的住所

1. 夫妻的住所为夫妻经常共同生活地。
2. 如夫妻另有协议的，夫妻的住所可不一致。

第四十四条　军人的住所

1. 现役军人的住所为其服役单位所在地。
2. 军队士官、职业军人、国防工人和职员的住所为其服役的单位所在地，但如其有符合本法第四十条第一款所规定的住所的除外。

第四十五条　流动工作从业人员的住所

在船舶及其他流动作业交通工具上从事流动工作人员的住所为其所工作的船舶、交通工具的登记地，但如其有符合本法第四十条第一款所规定的住所的除外。

第四节　监护

第四十六条　监护

1. 监护是指由法律规定、镇级人民委员会推荐、法院指定或本法第四十八条第二款所规定的自然人、法人（以下简称为监护人）照顾、保护未成年人、失去民事行为能力人、辨认和控制自身行为有困难的民事行为能力人（以下简称为被监护人）合法权利和义务的行为。
2. 监护辨认和控制自身行为有困难的民事行为能力人的，若辨认和控制自身行为有困难的民事行为能力人当时有能力表达自身意愿的，监护行为应获得其本人的同意。

3. 根据户籍相关法的规定，监护行为应在国家职权机关进行登记。如作为当然监护人但没有进行监护登记的，也必须履行监护人义务。

第四十七条　被监护人

1. 被监护人包括：

(1)无父母或无法确定父母的未成年人；

(2)有父母但父母双方都为失去民事行为能力人的未成年人；有父母但父母双方都为辨认和控制自身行为有困难的民事行为能力人的未成年人；有父母但父母为限制民事行为能力人的未成年人；父母双方都被法院剥夺子女监护权的未成年人；父母双方都为不具备照顾、教育子女条件的未成年人以及要求有监护人的未成年人。

(3)失去民事行为能力人；

(4)辨认和控制自身行为有困难的民事行为能力人。

2. 被监护人只可有一个监护人，但父母作为子女的共同监护人，祖父母作为孙子女的共同监护人的情况除外。

第四十八条　监护人

1. 符合本法所规定条件的自然人、法人可作为监护人。

2. 有足够民事行为能力选择自己监护人且被选择的自然人、法人同意的，在其需要被监护时，被选择的自然人、法人为其监护人。监护人的选择应签署书面文本予以公证或其他证明。

3. 一个自然人、法人可成为多个被监护人的监护人。

第四十九条　自然人成为监护人的条件

符合以下条件的自然人可成为监护人：

1. 具有完全民事行为能力；

2. 道德品质好且具有实施监护人权利、义务的必要条件；
3. 不是正被追究刑事责任的自然人，不是犯有故意侵犯他人生命安全、健康、名誉、人格、财产犯罪已结案但尚未销案的自然人。
4. 没有被法院剥夺未成年子女监护权的自然人。

第五十条　法人成为监护人的条件

符合以下条件的法人可成为监护人：
1. 有符合监护行为的民事权利能力；
2. 有实施监护人权利、义务的必要条件。

第五十一条　监护的监管

1. 被监护人的近亲属协商推荐监护监管人，被监护人的近亲属可推荐被监护人的近亲属或其他自然人、法人作为监护监管人。监护监管人的推荐、选择应获得被推荐人、被选择人的同意。如监护监管人管理被监护人财产的，监管人应在被监护人住所的镇级人民委员会进行登记。

   被监护人的近亲属包括被监护人的配偶、父母、子女。如没有以上近亲属的，被监护人的近亲属包括被监护人的祖父母、亲兄弟姐妹；如果也没有以上近亲属的，被监护人的近亲属包括被监护人父母的亲兄弟姐妹。
2. 根据本条第一款的规定，如被监护人没有近亲属或被监护人的近亲属没有被推荐、选择成为监护监管人的，由被监护人住所的镇级人民委员会推荐自然人或法人成为监护监管人。如监护监管人的推荐、选择有争议的，由法院决定监管人。
3. 如监护监管人为自然人的，应为完全民事行为能力人且符合履行监管行为的必要条件；如监护监管人为法人的，应具有符合监管行为的民事权利能力且符合履行监管行为的必要条件；
4. 监护监管人的权利、义务如下：

(1)跟踪、检查监护人的监护情况;

(2)审查本法第五十九条所规定的民事行为的确认、执行情况,并及时提出书面意见。

(3)要求相关监护管理的国家机关审查变更或终止监护和监护监管行为。

第五十二条　未成年人的当然监护人

本法第四十七条第一款第一、二项所规定的未成年人的当然监护人按以下顺序决定:

1. 监护人为亲兄弟姐妹中的最年长的兄姐;如最年长的兄姐不符合监护人条件的,监护人为亲兄弟姐妹中排行第二的兄姐;但另有协议,监护人可以是亲兄弟姐妹中的其他兄姐。
2. 没有本条第一款所规定的监护人的,监护人为祖父、祖母、外祖父、外祖母或祖父母、外祖父母所协商推荐的监护人,监护人可为祖父母、外祖父母中的一人或多人;
3. 没有本条第一款与第二款所规定的监护人的,监护人为被监护人父母的亲兄弟姐妹。

第五十三条　失去民事行为能力人的当然监护人

没有本法第四十八条第二款所规定的监护人的,失去民事行为能力人的当然监护人如下:

1. 如妻子为失去民事行为能力人的,则其丈夫为其监护人;如丈夫为失去民事行为能力人的,则其妻子为其监护人;
2. 如父母都为失去民事行为能力人的,或父母其中的一人为失去民事行为能力人,但另一人不符合监护人条件的,其长子女为其父母的监护人;如长子女不符合监护人条件的,则其符合监护人条件中的最年长子女为其父母的监护人;
3. 失去民事行为能力成年人没有配偶、子女的,或有配偶、子女但其配偶、子女不符合监护人条件的，监护人为其父母。

第五十四条　监护人的推举、指定

1. 如未成年人、失去民事行为能力人没有本法第五十二条与第五十三条所规定的当然监护人的，被监护人住所的镇级人民委员会有责任为其推举监护人。如本法第五十二条与第五十三条所规定的各监护人对监护人或监护人推举有异议的，由法院指定监护人。给年满六周岁的未成年人推举、指定监护人时，应考虑其本人意愿。
2. 监护人的推举应获得被推举人的同意。
3. 监护人的推举应有书面证明，且应注明推举监护人的原因，监护人的具体权利、义务，被监护人的财产情况。
4. 除本法第四十八条第二款规定的情形外，辨认、控制自身行为有困难的民事行为能力人的监护人由法院从本法第五十三条所规定的监护人中指定监护人。没有以上条款所规定的监护人的，法院指定其他监护人或建议某一法人对其进行监护。

第五十五条　监护人对未满十五周岁被监护人的监护义务

1. 照顾、教育被监护人。
2. 代理被监护人实施民事行为，但法律规定未满十五周岁未成年人可自己确立、实施民事行为的除外。
3. 管理被监护人的财产。
4. 保护被监护人的合法权益。

第五十六条　监护人对十五周岁至十八周岁的被监护人的监护义务

1. 代理被监护人实施民事行为，但法律规定十五周岁至十八周岁未成年人可自己确立、实施的民事行为除外。
2. 管理被监护人的财产，但法律另有规定的除外。

3. 保护被监护人的合法权益。

第五十七条　监护人对失去民事行为能力人、辨认和控制自身行为有困难的民事行为能力人的监护义务

1. 失去民事行为能力人的监护人的义务如下：

(1)照顾被监护人、为被监护人的治疗提供保障；

(2)代理被监护人实施民事行为；

(3)管理被监护人的财产；

(4)保护被监护人的合法权益。

2. 辨认和控制自身行为有困难的民事行为能力人的监护人的义务，由法院在本条第一款所规定的各项义务中进行选择决定。

第五十八条　监护人的权利

1. 未成年人、失去民事行为能力人的监护人的权利如下：

(1)使用被监护人的财产来照顾被监护人，但被监护人的财产只可用于满足被监护人的必要需求；

(2)收取管理被监护人财产的合理费用；

(3)为保护被监护人的合法权益，代理被监护人确认、实施民事行为，行使法律规定的其他权利。

2. 辨认和控制自身行为有困难的民事行为能力人的监护人的权利，由法院在本条第一款所规定的各项权利中进行选择决定。

第五十九条　被监护人财产的管理

1. 未成年人、失去民事行为能力人的监护人有责任管理被监护人的财产，监护人有义务、权利像管理自己财产一样来管理被监护人的财产；进行与被监护人财产相关的民事行为，但其目的应符合被监护人的利益。

被监护人的大额财产的出售、交换、出租、外借、质押、抵押、定金交付和其他民事行为应获得监护监管人的同意。

监护人不得将被监护人的财产赠与他人。监护人与被监护人间所进行的与被监护人财产相关的民事行为无效，但为了被监护人利益且监护监管人同意的民事行为除外。

2. 辨认和控制自身行为有困难的民事行为能力人的监护人管理被监护人财产的权利、义务由法院在本条第一款所规定的范围中进行选择决定。

第六十条　监护人的变更

1. 在以下情况可变更监护人：

(1)监护人不再符合本法第四十九条、第五十条所规定的条件；

(2)监护人死亡，被法院判决为限制民事行为能力人、辨认和控制自身行为有困难的民事行为能力人或失去民事行为能力人，监护人失踪，法人监护人被注销；

(3)监护人严重违反了监护义务；

(4)监护人提议更换监护人且有他人愿意接替其成为监护人。

2. 如变更当然监护人的，本法第五十二条与第五十三条所规定的自然人为当然监护人；如没有当然监护人的，则根据本法第五十四条的规定推举、指定监护人。

3. 变更监护人的手续办理根据关于户籍法律规定进行。

第六十一条　监护移交

1. 变更监护人且从新监护人确定后的第一天起的十五天内，前监护人应向接替自己的监护人进行移交。

2. 监护移交应签署书面文本，其中注明移交原因与移交时被监护人的财产状况与其他相关问题。推选、指定监护人的国家机关、监护监管人负责监督移交。

3. 本法第六十条第一款所规定的监护人变更的，推选、指定监护人的机关应制作书面文本，注明被监护人的财产状况与其他相关问题以及监护过程中所发生的权利、义务，在监护监管人的监督下，移交给新监护人。

第六十二条　监护的终止

1. 有以下情况监护终止：

(1)被监护人获得完全民事行为能力；

(2)被监护人死亡；

(3)未成年人被监护人的父母已经有足够能力和条件实施权利、义务的；

(4)被监护人被他人收养。

2. 根据关于户籍的法律规定办理监护终止手续。

第六十三条　监护终止的后果

1. 被监护人获得完全民事行为能力后，从监护权终止之日起的十五天内，监护人向被监护人结算被监护人的财产，并将代理被监护人所实施的民事行为中的权利、义务移交给被监护人。

2. 被监护人死亡的，从监护终止之日起的三个月内，监护人向被监护人的遗产继承人结算被监护人的财产，或将被监护人财产移交给被监护人的遗产管理人，并将代理被监护人所进行过的民事行为中的权利、义务移交给被监护人的遗产继承人；如监护终止之日起三个月内还不能确定继承人的，监护人可继续管理被监护人的财产直至其财产根据相关继承法律的规定而得到安置，但应通报被监护人住所的镇级人民委员会。

3. 根据本法第六十二条第一款第三、四项规定而终止监护的，从监护权终止之日起的十五天内，监护人向被监护人的父母结算被监护人财产，并将代理被监护人所进行过的民事行为中的权利、义务移交给被监护人的父母。

4. 本条所规定的财产结算与权利、义务的移交应签订书面文本，并由监护监管人负责监督移交。

第五节　寻人通告，宣告失踪，宣告死亡

第六十四条　申请对离开住所人员发布寻人通告及离开住所人员财产的管理

如自然人下落不明满六个月的，其权利、利益关系人有权根据民事诉讼相关法律规定，要求法院发布寻找离开住所人员通告，并要求法院根据本法第六十五条的规定，对该人员财产的管理进行判决。

第六十五条　离开住所人员财产的管理

1. 根据权利、利益关系人的要求，法院将离开住所人员的财产移交给以下人员管理：
   (1)离开住所人员已授权他人管理的财产，由被授权人继续管理；
   (2)共同财产的，由共同财产的其他所有人继续管理；
   (3)由配偶管理财产的，则其配偶继续管理；如配偶死亡或为失去民事行为能力人、辨认和控制自身行为有困难的民事行为能力人或限制民事行为能力人的，财产则交由其成年子女或其父母管理。
2. 如没有本条第一款所规定人员的，法院在离开住所人员的亲属中指定一人对其财产进行管理；如没有亲属的，法院指定其他人员对其财产进行管理。

第六十六条　离开住所人员财产管理人的义务

1. 像管理自身财产一样保护、保管离开住所人员的财产。
2. 将财产中的鲜活、易腐易损品立即出售。
3. 根据法院判决，使用离开住所人员的财产替其履行赡养和抚养

义务、支付到期债务及其他经济义务。

4. 如离开住所人员返回的，则将其财产交还本人，且应知会法院。如管理财产过程中，由于财产管理人的过错而造成损失的，财产管理人应进行赔偿。

第六十七条　离开住所人员财产管理人的权利

1. 管理离开住所人员的财产。
2. 使用离开住所人员的财产替其履行赡养和抚养义务、支付到期债务及其他经济义务。
3. 收取财产管理的必要费用。

第六十八条　宣告失踪

1. 自然人下落不明满两年，且已根据民事诉讼相关法的规定，充分采用各类办法，如发布寻人启事、寻找，但仍没有获得其是否还生存的确定信息的，法院可根据权利、利益相关人的申请宣告下落不明人失踪。两年期限的起算日为最后获得下落不明人员消息的日期；如无法确定最后收到下落不明人员信息日期的，则此期限的起算日为最后收到下落不明人员信息的下月第一天；如无法确定最后收到下落不明人员信息的日期、月份的，则此期限的起算日为最后收到下落不明人员信息的下一年的第一天。
2. 如被宣告失踪人的配偶申请离婚的，法院根据婚姻与家庭法律相关规定进行判决。
3. 法院宣告某人失踪的，其宣告应寄给被宣告失踪人住所所在的镇级人民委员会备注，备注根据《户籍法》的相关规定进行。

第六十九条　被宣告失踪人财产的管理

在法院宣告离开住所人员失踪后，根据本法第六十五条规定而正在管理其财产的财产管理人可以继续管理其财产，并享有本法第六十六条与第六十七条所规定的各项权利、义务。如法院判决被宣告失踪人与其配偶解除婚姻关系的，被宣告失踪人的财产交由其成年子女或父母管理；如没有以上亲属的，则交由被宣告失踪人的其他亲属进行管理；如没有亲属的，则由法院指定财产管理人。

第七十条　宣告失踪的撤销

1. 如失踪人员在法院宣告失踪后返回或有其生存的确定消息的，法院可根据被宣告失踪人员本人或权利、利益相关人的要求，撤销其失踪宣告。
2. 失踪人员在法院宣告失踪后返回的，在结算管理费用后，可从财产管理人接管自己财产。
3. 在法院宣告失踪人员失踪后，法院判决其与配偶离婚的，离婚判决在失踪人员返回或有确定消息其还生存后，仍具有法律效力。
4. 法院撤销某人的失踪宣告的，其决定应送达给被宣告失踪人住所所在的镇级人民委员会备注，备注根据《户籍法》的相关规定进行。

第七十一条　宣告死亡

1. 有以下情况的，权利、利益相关人有权要求法院宣告某人死亡：
   (1)从法院的失踪宣告生效之日起满三年，但仍没有失踪人员生存确定消息的；
   (2)在战争期间下落不明，且从战争结束之日起满五年，但仍没有下落不明人员生存确定消息的；
   (3)因意外事故、灾难而下落不明，且从意外事故、灾难结束之日起满两年，仍没有失踪人员生存确定消息的，但法律另有规定的除外；

(4)下落不明达五年以上，且一直没有下落不明人员生存确定消息的，此期限根据本法第六十八条第一款的规定执行。

2. 法院根据本条第一款所规定的各类情况，确定被宣告死亡人员的死亡日期。

3. 法院宣告某人死亡的，其宣告应送达给被宣告死亡人住所的镇级人民委员会备注，备注根据《户籍法》的相关规定进行。

第七十二条　被宣告死亡人的人身关系与财产关系

1. 死亡宣告生效后，被宣告死亡人的婚姻关系、家庭关系与其他人身关系的处理与已死亡人一致。

2. 被宣告死亡人的财产关系的处理与已死亡人一致；被宣告死亡人的财产根据继承相关法的规定执行。

第七十三条　宣告死亡的撤销

1. 被宣告死亡人返回或有其生存确定消息的，法院可根据其本人或权利、利益相关人的要求，撤销其死亡宣告。

2. 如法院撤销被宣告死亡人的死亡宣告的，被宣告死亡人的人身关系自行恢复，但以下情况除外：

(1)法院根据本法第六十八条第二款的规定，判决被宣告死亡人与其配偶离婚的，其离婚判决仍具有法律效力；

(2)如被宣告死亡人的配偶已与他人结婚的，被宣告死亡人的配偶的新婚姻关系有效。

3. 如被宣告死亡人仍生存的，有权要求自身财产的继承人退还现存财产或财产价值。如被宣告死亡人的财产继承人知道被宣告死亡人仍生存却故意知情不报，意图通过继承来侵占他人财产的，则此财产继承人应退还其全部继承财产，包括财产孳息、收益；如财产有损失的，应赔偿损失。

4. 根据本法、《婚姻与家庭法》的规定处理夫妻财产关系。

5. 法院撤销被宣告死亡人的死亡宣告的，其决定应送达给被宣告死亡人住所的镇级人民委员会备注，备注根据《户籍法》的相关规定进行。

第四章　法人

第七十四条　法人

1. 同时具备以下条件的组织为法人：

(1)根据本法、其他相关法律规定而成立的组织；

(2)有符合本法第八十三条所规定的组织机构；

(3)有独立于自然人、其他法人的财产并使用自身财产来承担责任；

(4)以自身名义独立参加法律关系。

2. 一切自然人、法人都有权成立法人，但法律另有规定的除外。

第七十五条　商业法人

1. 商业法人以追求利润为主要目标，且利润分配给法人成员。
2. 商业法人包括企业与其他经济组织。
3. 根据本法、企业法与其他相关法律的规定成立、运行与注销商业法人。

第七十六条　非商业法人

1. 非商业法人不以追求利润为主要目标，即使有利润产生，也不得将其利润分配给法人成员。
2. 非商业法人包括国家机关，人民武装单位，政治组织，政治-社会组织，政治社会-行业组织；社会组织，社会-行业组织，社会基金；慈善基金，社会企业与其他非商业组织。
3. 根据本法、国家机关组织相关法与其他相关法律的规定成立、运行与注销非商业法人。

第七十七条　法人章程

1. 在法律所规定的范围内,法人需有章程。

2. 法人的章程应包括以下主要内容:

(1)法人名称;

(2)法人的目的与业务范围;

(3)主要住所地;其他住所地、办公室(如有);

(4)参股资金(如有);

(5)法人的法定代表人;

(6)组织机构;管理机构与其他机构各个职位的选举、任命、增补、罢免制度与职位的形式、任务与权限;

(7)如法人有相关法人成员要求的,需规定成为法人成员的条件与放弃法人成员的条件;

(8)成员的权利与义务(如法人有法人成员的);

(9)法人决定的通过制度;内部争议解决原则;

(10)章程修改、补充制度;

(11)法人合并、拆分、变更形式、解散的条件。

第七十八条　法人名称

1. 法人名称应使用越南语。

2. 法人的名称应明确体现出法人的组织类型,且可以区分于同行业内的其他法人。

3. 法人应在民事行为中使用自己的名称。

4. 法人名称受法律承认与保护。

第七十九条　法人住所地

1. 法人的住所地为法人管理中心所在地。如住所地发生变更的,法人应公示。

2. 法人的联系地址为法人的住所地。法人也可使用其他住所地作为联系地址。

第八十条　法人国籍

根据越南法律所成立的法人为越南法人。

第八十一条　法人财产

法人财产包括所有者、创始人、法人成员的参股资金与根据本法、其他相关法律规定可确定所有权的其他法人财产。

第八十二条　法人的成立、登记

1. 根据自然人、法人的建议或根据国家职权机关的决定成立法人。
2. 法人登记包括成立登记、变更登记与法律所规定的其他登记。
3. 法人登记应公示。

第八十三条　法人的组织机构

1. 法人应有管理机构。法人管理机构的组织、任务与权限应在法人章程或法人成立决定中进行规定。
2. 根据法人决定或根据法律规定，法人可设立其他机构。

第八十四条　法人的其他住所地、办公室

1. 其他住所地、办公室是法人的附属单位，不能称之为法人。
2. 其他住所地可执行法人的全部或部分职能。
3. 办事处的职能为代表法人执行法人所交付的任务，保护法人的利益。
4. 法人其他住所地、办事处的设立、注销应根据法律规定进行登记与公示。
5. 其他住所地、办事处负责人根据法人的授权，在被授权范围与时间内执行任务。
6. 法人对其他住所地、办事处所确立、执行的民事行为负有民事权利、义务。

第八十五条　法人代表

法人代表可为法定代表人或授权代表人。法人代表应遵守本节第九章关于代理的规定。

第八十六条　法人的民事权利能力

1. 法人的民事权利能力为法人享有民事权利、承担义务的能力。法人的民事权利能力不受限制,但本法、其他相关法律另有规定的除外。
2. 法人的民事权利能力始于国家职权机关授权成立或允许成立,如法人需进行运营登记的,法人的民事权利能力始于登记时。
3. 法人的民事权利能力终止于法人消灭时。

第八十七条　法人的民事责任

1. 法人应承担由代表人代表法人确立、实施的民事权利、义务的民事责任。法人应承担由创始人或创始人代表进行法人成立、登记活动时所确立、实施的义务的民事责任,但另有协议或法律另有规定的除外。
2. 法人通过自身财产来承担民事责任;法人不得代替法人代表承担法人代表非代表法人所确立、实施的民事义务的责任,但法律另有规定的除外。
3. 法人代表不得代替法人承担法人所确立、实施的民事义务的民事责任,但法律另有规定的除外。

第八十八条　法人新设合并

1. 各法人可新设合并为一新法人。
2. 新设合并后,从新法人成立时起,其原有法人归于消灭;原有法人的民事权利与义务移交给新法人。

第八十九条 法人吸收合并

1. 一法人(以下简称为被吸收法人)可并入一其他法人(吸收法人),成为其法人的一部分。

2. 吸收归并后,被吸收法人归于消灭;被吸收法人的民事权利与义务移交给吸收法人。

第九十条 法人新设分立

1. 一法人可新设分立为多个法人。

2. 在新设分立后,被拆分法人归于消灭;被拆分法人的民事权利、义务移交给各新法人。

第九十一条 法人派生分立

1. 一法人可派生分立为多个法人。

2. 在派生分立后,被拆分法人与派生分立法人履行符合自身运营目的民事权利、义务。

第九十二条 法人变更形式

1. 法人可变更形式成为另一法人。

2. 法人变更形式后,从新法人成立时起,被变更法人归于消灭;新法人继承被变更法人的民事权利、义务。

第九十三条 法人解散

1. 以下情况下,法人解散:

(1)根据章程;

(2)根据国家职权机关的决定;

(3)章程或国家职权机关决定中所规定的运营期限到期;

(4)法律规定的其他情况。

2. 解散前,法人应完全履行财产义务。

第九十四条 解散法人的财产清算

1. 解散法人的财产清算根据以下顺序进行:

(1)法人解散费用；

(2)根据法律规定，应支付给劳动者的工资、离职补贴、社会保险、医疗保险与根据已签署的集体劳动协议与劳动合同，应支付给劳动者的其他负债；

(3)未支付税金与其他债务。

2. 在完全支付法人解散费用与债务后，剩余的财产属于法人所有者、各参股成员，但本条第三款与法律另有规定的除外。

3. 如社会基金、慈善基金在完全支付本条第一款所规定的解散费用与其他债务后，剩余财产将移交给其他同类基金组织。如没有其他同类基金组织愿意接受其剩余财产的，或被解散基金组织由于活动范围违反法律规定、社会道德而被解散的，其剩余财产属于国家。

第九十五条　法人破产

法人破产根据破产相关法律的规定执行。

第九十六条　法人归于消灭

1. 以下情况下，法人归于消灭：

(1)根据本法第八十八、八十九、九十、九十二与九十三的规定，新设立合并、吸收合并、拆分、变更形式、解散后的原法人；

(2)根据破产相关法律的规定，宣布破产的法人。

2. 从法人注销时或从职权机关作出注销决定时起，法人归于消灭。

3. 法人归于消灭后，被消灭法人的财产根据本法、其他相关法律的规定执行。

第五章　民事关系中的越南社会主义共和国政府、中央及地方国家机关

第九十七条　民事关系中的越南社会主义共和国政府、中央及地方国家机关

越南社会主义共和国政府、中央及地方国家机关在参与民事关系时，与其他民事主体平等，并承担本法第九十九条与第一百条所规定的民事责任。

第九十八条　民事关系参与代表

越南社会主义共和国政府、中央及地方国家机关根据法律对国家机关职能、任务、权利与组织机构的规定参与民事关系。在法律规定的情况下，可以通过其他自然人、法人来代表越南社会主义共和国政府、中央及地方国家机关参与民事关系，但应符合法律所规定的程序、手续。

第九十九条　民事义务的责任

1. 越南社会主义共和国政府、中央及地方国家机关通过自身财产来承担民事责任，自身财产是指其为所有人且统一管理的财产，但已移交给本条第二款所规定的法人的财产除外。
2. 越南社会主义共和国政府、中央及地方国家机关所成立的法人不对越南社会主义共和国政府、中央及地方国家机关所参与的民事关系承担义务。
3. 越南社会主义共和国政府、中央及地方国家机关不承担自己所成立法人，包括国营企业的民事义务。但越南社会主义共和国政府、中央及地方国家机关依法对此法人的民事义务进行担保的除外。

4. 中央、地方国家机关不承担越南社会主义共和国政府及其他中央、地方国家机关的民事义务，但相关法律另有其他规定的除外。

第一百条 在与外国政府、法人、自然人的民事关系中，越南社会主义共和国政府、中央及地方国家机关的民事义务责任

1. 在以下情况下，越南社会主义共和国政府、中央及地方国家机关承担自己与外国政府、法人、自然人所确立的民事义务：

(1)越南社会主义共和国为成员国的条约有对放弃豁免权进行规定的；

(2)民事关系中的各方协议放弃豁免权的；

(3)越南社会主义共和国政府、中央及地方国家机关放弃豁免权的。

2. 外国政府、外国政府国家机关在与越南社会主义共和国政府，越南中央、地方国家机关，越南法人，越南自然人建立民事关系时，其民事义务责任根据本条第一款的规定执行。

第六章 家庭户、合作组与其他在民事关系中不具有法人资格的组织

第一百零一条 家庭户、合作组、其他不具有法人资格组织所参与的民事关系的主体

1. 家庭户、合作组、不具有法人资格的其他组织在参与民事关系时，家庭户、合作组、其他不具有法人资格组织中的各成员是确立、实施民事行为的参与主体，或由其授权的代表人参与民事行为。如授权代表人的，应有书面文本证明，但另有协议的除外。如代表人有变更的，应知会民事关系的各参与方。如家庭

户、合作组、其他不具有法人资格组织中的成员没有被其他成员授权为代表人的，则此成员仅为自己所确立、实施的民事关系的主体。

2. 家庭户所参与的关于土地使用的民事关系，其主体的确定根据《土地法》的规定执行。

第一百零二条 家庭户、合作组、其他不具有法人资格组织中的各成员的共同财产

1. 家庭户中各成员的共同财产以及此财产的权利、义务，根据本法第二百一十二条的规定确定。
2. 合作组中各成员的共同财产以及此财产的权利、义务，根据本法第五百零六条的规定确定。
3. 根据各成员间的协议，确定其他不具有法人资格的组织中的各成员的共同财产以及此财产的权利、义务。

第一百零三条 家庭户、合作组、其他不具有法人资格组织中的各成员的民事责任

1. 家庭户、合作组、其他不具有法人资格的组织在参与民事关系时所产生的民事义务通过各成员的共同财产来保证履行。
2. 如各成员没有或没有足够的共同财产来履行共同义务的，则债权人有权要求各成员根据本法第二百八十八条的规定来履行义务。
3. 如双方没有协议、合作合同的，或法律没有其他规定的，各成员承担自己参股所对应份额的民事责任，此民事责任规定于本条的第一款与第二款。如无法确定份额的，则各成员承担同等份额的民事责任。

第一百零四条　无代表权成员、超出获授权范围成员确立、实施民事行为的法律后果

1. 没有代表权成员却代表家庭户、合作组、其他不具有法人资格组织中的其他成员确立、实施民事行为的，或代表人超出获授权范围而确立、实施民事行为的，根据本法第一百三十条、一百四十二条与一百四十三条的规定确定此行为的法律后果。
2. 没有代表权的成员或代表人超出获授权范围确立、实施民事行为的，如其对家庭户、合作组、其他不具有法人资格组织中的其他成员或第三方造成损失，则其应赔偿受害人的损失。

第七章　财产

第一百零五条　财产

1. 财产为有价值的物资、金钱、文件与财产权利。
2. 财产包括不动产与动产。不动产与动产可为现有财产或未来财产。

第一百零六条　财产登记

1. 根据本法与财产登记相关法的规定，登记不动产的所有权与其他权利。
2. 动产的所有权与其他权利无需登记，但财产登记相关法另有规定的除外。
3. 财产登记应进行公示。

第一百零七条　不动产与动产

1. 不动产包括：

(1)土地；

(2)与土地紧密联系的房屋、建筑物；

(3)与土地、房屋、建筑物紧密联系的其他财产；

(4)法律规定的其他财产。

2. 动产为一切不属于不动产的财产。

第一百零八条　现有财产或未来财产

1. 现有财产为已经形成的财产，且主体已经确定了财产的所有权、其他权利或在交易确立时确定了财产的所有权、其他权利。

2. 未来财产包括：

(1)财产尚未形成；

(2)财产已经形成，但主体在交易确立后才确定财产的所有权。

第一百零九条　孳息、收益

1. 孳息为财产所带来的自然收获。

2. 收益为财产投资所获得的利润。

第一百一十条　主要物与辅助物

1. 主要物应为独立物，可以根据其性能来开发效能的物品。

2. 辅助物直接服务于主要物的效能开发，是主要物的一部分，但可与主要物拆开使用。

3. 移交主要物时，应同时移交辅助物，但另有协议的除外。

第一百一十一条　可分离物品与不可分离物品

1. 可分离物品为物资拆分后，其仍可以保持其原有性质和使用性能的物品。

2. 不可分离物品为物资拆分后，其不能保持其原有性质与使用性能的物品。如需分割不可分离物品的，应将不可分离物换算成金钱进行分割。

第一百一十二条　易耗品与非易耗品

1. 易耗品为在一次使用后即被消耗掉，或一次性使用后即无法保持其原有性质、形状与性能的物品。易耗品不能作为租赁合同或租借合同的对象。

2. 非易耗品为在多次使用后，其仍能基本保持原有性质、形状与性能的物品。

第一百一十三条　种类物与特定物

1. 种类物为拥有相同形状、性质、使用性能且可以通过测量方法进行测量的物品。相同质量的种类物可互相替换。

2. 特定物为可通过自身特点，与其他物品在符号、形状、颜色、原料、特性、位置上进行区别的物品。在移交特定物时，应保证所移交物品无误。

第一百一十四条　配套物

配套物为包含多部件，或多部件相互协调、紧密联系而形成一个整体的物品。如其某一部件遗失，所有、部分、某一部件的规格、种类发生错误，则此物品将无法使用或其使用价值降低。在移交配套物时，应移交此配套物的所有部件或所有合成部件，但另有协议的除外。

第一百一十五条　财产权

财产权是指物品的金钱价值，包括知识产权、土地使用权与其他财产权利的金钱价值。

第八章　民事行为

第一百一十六条　民事行为

民事行为是指确立、变更或终止民事权利、义务的合同或单方法律行为。

第一百一十七条　民事行为的有效条件

1. 符合以下各条件的民事行为有效：

(1)主体有与其所确立的民事行为相符的民事权利能力与民事行为能力；

(2)参与民事行为的主体属于完全出于自身意愿；

(3)民事行为的目的与内容符合法律规定和社会道德。

2. 如法律有规定的，民事行为形式要件也是民事行为有效的条件。

第一百一十八条　民事行为的目的

民事行为的目的为，参与主体在确立民事行为时希望从中获得利益。

第一百一十九条　民事行为的形式

1. 民事行为通过语言、文字或具体行为来体现。根据法律关于电子交易的规定，通过电子通讯工具所使用的电子文本可视为文字形式的民事行为。
2. 如法律规定某项民事行为必须使用公证、证明、登记过的文件的，则按此法律规定执行。

第一百二十条　条件型民事行为

1. 如各方对民事行为的产生条件、终止条件有协议的，当所协议的条件发生时，民事行为也随之产生或终止。
2. 由于一方直接、间接的故意干涉，而导致民事行为的发生条件、终止条件无法发生的，则视为此条件已经发生；由于一方直接、间接的促进影响，而导致民事行为的发生条件、终止条件发生的，则视为此条件还未发生。

第一百二十一条　民事行为的解释

1. 民事行为内容不清楚、不明白，有歧义且不属于本条第二款规定的，则此民事行为按以下顺序进行解释：

(1)根据各方在民事行为确立时的真实意思表示；

(2)根据确立民事行为的目的；

(3)根据交易确立地区的习惯。

2. 合同根据本法第四百零四条的规定予以解释；遗嘱根据本法第六百四十八条的规定予以解释。

第一百二十二条　民事行为无效

不符合本法第一百一十七条所规定的任一条件的民事行为无效，但本法另有规定的除外。

第一百二十三条　违反法律规定、社会道德的民事行为无效

民事行为的目的、内容违反法律规定、社会道德的，则此民事行为无效。违反法律规定是指法律不允许主体有某一行为，而主体却实施的。社会道德是指社会生活中所形成的共同准则，受社会承认与尊重。

第一百二十四条　伪造的民事行为无效

1. 民事行为的各方通过伪造某一民事行为来试图掩盖另一民事行为的，则被伪造的民事行为无效，但被掩盖的民事行为仍然有效，但本法或其他相关法律规定此被掩盖的民事行为也无效的除外。

2. 通过伪造民事行为来试图逃脱对第三方的义务的民事行为无效。

第一百二十五条　未成年人，无民事行为能力人，辨认、控制自身行为有困难的民事行为能力人，限制民事行为能力人所确立、实施的民事行为无效

1. 未成年人，无民事行为能力人，辨认、控制自身行为有困难的民事行为能力人，限制民事行为能力人自己确立、实施民事行为的，如法律规定此交易必须由其代表人确立、进行或同意的，则法院可根据其代表人的要求判决此交易无效，但本条第二款所规定的情况除外。

2. 以下情况下，本条第一款所规定的未成年人，无民事行为能力人，辨认、控制自身行为有困难的民事行为能力人，限制民事行为能力人所确立、实施的民事行为有效：

(1)未满六周岁的未成年人、无民事行为能力人为满足其必要的日常生活需求所实施的民事行为；

(2)为未成年人，无民事行为能力人，辨认、控制自身行为有困难的民事行为能力人以及限制民事行为能力人赋予权利或免除其义务的民事行为；

(3)在成年后或恢复民事行为能力后对其确立的民事行为予以认可的。

第一百二十六条　错误的民事行为无效

1. 如已确认的民事行为存在错误，且导致民事行为的一方或各方无法达成民事行为的目的的，被影响一方有权要求法院判决此民事行为无效，但本条第二款所规定的情况除外。

2. 如已确认的民事行为存在错误，但各方已达成民事行为的目的；或各方可立即改正错误，且改正错误后民事行为的目的仍可达到的，则此民事行为仍然有效。

第一百二十七条　受欺骗、威胁、强迫而参与的民事行为无效

受欺骗、威胁或强迫而参与民事行为的，其有权要求法院判决此交易无效。民事行为中的欺骗是指民事行为中的一方或第三方，故意使另一方错误地理解民事行为对象的主体、性质或民事行为的内容，从而使其在误解的情况下，确立民事行为的行为。民事行为中的威胁、强迫是指民事行为中的一方或第三方，故意要求另一方必须实施民事行为，从而来避免其自己或亲属的生命、健康、名誉、威信、人格、财产受到损害的行为。

第一百二十八条　民事行为能力人在无法辨认、控制自身行为时，所确立的民事行为无效

民事行为能力人有权要求法院判决其在无法辨认、控制自身行为时所确立的民事行为无效。

第一百二十九条　不符合形式要件规定的民事行为无效

违反形式要件的民事行为无效，但以下情况除外：

1. 根据法律规定某一民事行为必须使用书面文本来确立，但在确立此项民事行的书面文本不符合法律规定形式的情况下，民事行为的一方或双方已经履行了民事义务的三分之二及以上，则法院可根据民事行为的一方或各方要求，判决此行为有效；
2. 民事行为使用书面文本来确立，但没有根据法律规定进行公证、证明的，如果民事行为的一方或双方已经履行了民事义务的三分之二及以上，则法院可根据交易的一方或各方要求，判决此行为有效。如法院已判决此行为有效的，则民事行为的各方无需再进行公证、证明。

第一百三十条　部分民事行为无效

部分民事行为无效是指民事行为的部分内容无效，但不影响此交易其余部分的效力。

第一百三十一条　无效民事行为的法律后果

1. 从民事行为确立时起，无效的民事行为都不增加、改变、终止参与民事行为各方的民事权利、义务。
2. 民事行为无效时，民事行为各方还原回原始状态，并互相退还已接受的物品、金钱等。如无法退还实物的，则将实物折算成金钱退还。
3. 无过错方如有收取孳息、收益的，其无需退还所收取的孳息、收益。

4. 过错方如造成他人损失的，应进行赔偿。
5. 与人身权相关的无效民事行为，根据本法典的人身权部分及其他相关法律的规定进行处理。

第一百三十二条　申请法院判决民事行为无效的期限

1. 按本法第一百二十五、一百二十六、一百二十七、一百二十八与一百二十九条规定，申请法院判决民事行为无效的期限为从以下日期起算两年：

(1)未成年人，无民事行为能力人，辨认、控制自身行为有困难的民事行为能力人，限制民事行为能力人的法定代理人知道或应当知道被代理人自己确立、实施民事行为的日期；

(2)被误导、被欺骗人知道或应当知道自己是由于被误导、被欺骗而确立民事行为的日期；

(3)威胁、强迫执行人终止威胁、强迫的日期；

(4)民事行为能力人在无法辨认、控制自身行为时确立的民事行为的日期；

(5)不符合法律规定的形式要件确立的民事行为的日期；

2. 如超过本条第一款所规定的期限且仍没有向法院申请判决此行为无效的，则此民事行为有效。
3. 向法院申请判决本条第一百二十三条与第一百二十四条所规定的民事行为无效的期限不受此限制。

第一百三十三条　无效民事行为中的善意第三方权利受法律保护

1. 交易对象为无需登记财产的民事行为被确认无效的，且此交易对象已被移交给善意第三方，则与第三方所确立、实施的民事行为继续有效，但本法第一百六十七条所规定的情况除外。
2. 交易对象为已在国家职权机关登记过的财产的民事行为被确认无效的，如果此财产随后通过另一民事行为移交给了善意第三方，则善意第三方根据此登记所确立、实施的民事行为依然有效。如财产应进行登记，但尚未在职权机关进行登记的，则其与第三方的民事行为无效，但以下情况除外：善意第三方通过竞拍的方式从职权机构获得此财产的；善意第三方通过与根据职权机关的判决、决定而获得财产所有权的自然人进行交易而获得此财产，但随后由于职权机关的判决、决定被撤销、修改而导致此财产所有人失去财产所有权的。

3. 根据本条第二款的规定，如第三方的民事行为有效的，则所有人无权向善意第三方索要财产，但所有人有权向法院起诉，要求与第三方确立民事行为的过错方支付合理费用与赔偿损失。

第九章　代理

第一百三十四条　代理

1. 代理是自然人、法人（以下称为代理人）以其他自然人、法人（以下称为被代理人）的名义并为其利益而确立、实施民事行为。
2. 自然人、法人可以通过代理人来确立、实施民事行为，如法律规定自然人应自行确立、实施民事行为的，则自然人不得委托他人代理自己确立、实施民事行为。
3. 如法律规定代理人应有与所确立、实施的民事行为相符的民事权利能力、民事行为能力的，则按法律规定执行。

第一百三十五条　代理权确立的依据

代理权根据委托人与代理人（以下称为委托代理人）之间的委托关系、国家职权机关的决定、法人章程或法律规定确立（以下称为法定代理人或法定代表人）。

第一百三十六条　自然人的法定代理人

1. 父母是未成年人的法定代理人；
2. 监护人是被监护人的法定代理人；辨认、控制自身行为有困难的民事行为能力人的法定代理人是法院指定的监护人；
3. 如根据本条第一、二款规定仍无法确定法定代理人的，由法院指定法定代理人；
4. 限制民事行为能力人的法定代理人由法院指定。

第一百三十七条　法人的法定代表人

1. 法人的法定代表人包括：
   (1)法人按章程所指定的自然人；
   (2)法律规定的职权代表人；
   (3)法院在诉讼过程中所指定的自然人。
2. 根据本法第一百四十条与一百四一条的规定，一法人可以有多个法定代表人，任一代表人都有权代表法人。

第一百三十八条　委托代理人

1. 自然人、法人可委托其他自然人、法人确立或实施民事行为。
2. 家庭户、合作社与其他无法人资格组织中的各成员可协商选派其他自然人、法人作为委托代理人来确立、实施与其共同财产相关的民事行为。
3. 年满十五周岁但未满十八周岁的未成年人可成为委托代理人，但法律规定应由十八周岁以上成年人确立、实施的民事行为除外。

第一百三十九条　代理行为的法律后果

1. 委托代理人在受托范围内与第三人确立、实施的民事行为，产生的权利、义务由委托人承担。
2. 委托代理人有权确立或采取必要行为以实现受托目的。

3. 如委托代理人在代理实施民事行为过程中知道或根据常识应当知道存在错误、欺骗、威胁、强迫情形而仍为被代理人确立、进行该民事行为的，则委托人不承担此代理行为产生的权利、义务，但委托人知道或根据常识应当知道这一行为却不反对的除外。

第一百四十条　代理期限

1. 代理期限根据委托书、职权机关的决定、法人章程或法律规定予以确定。
2. 如根据本条第一款的规定仍无法确定代理期限的，则代理期限根据以下规定确定：

(1)如代理权是根据具体的民事行为确定的，则代理期限截止至该民事行为结束；

(2)如代理权不是根据具体的民事行为确定的，则代理期限为一年，从代理权产生之日起算。

3. 委托代理在以下情形中终止：

(1)根据协议终止；

(2)委托期限到期；

(3)受委托工作结束；

(4)委托人或委托代理人单方面终止委托、受托；

(5)如为自然人的，委托人或委托代理人死亡；如为法人的，委托人或委托代理人归于消灭；

(6)委托代理人不再符合本法第一百三十四条第三款所规定的条件；

(7)代理权无法继续履行的其他情况。

4. 在以下情形中，法定代理权终止：

(1)被代理人已成年或已恢复民事行为能力；

(2)如为自然人的,被代理人死亡;

(3)如为法人的,被代理人归于消灭;

(4)本法或其他相关法所规定的其他情况。

第一百四十一条 代理范围

1. 代理人只能根据以下代理范围来确立、实施民事行为:

(1)职权机关的决定;

(2)法人章程;

(3)委托内容;

(4)法律的其他规定。

2. 如根据本条第一款的规定仍无法确定具体代理范围的,法定代理人有权为被代理人确立、实施其所有的民事行为,但法律另有规定的除外。

3. 一个自然人、法人可成为多个自然人、法人的代理人,但不得以被代理人的名义与自己或自己为代理人的第三方确立、实施民事行为,但法律另有规定的除外。

4. 代理人应向民事行为相对方通报自己的代理范围。

第一百四十二条 无代理权人确立、实施民事行为的后果

1. 被代理人不承担无代理权人确立、实施的民事行为所产生的权利、义务,但以下情况除外:

(1)被代理人承认的行为;

(2)被代理人了解,且没有在合理的时间内提出异议;

(3)由于被代理人的过失,而导致民事行为相对方不知道或无法知道与自己确立、实施民事行为的人并无代理权。

2. 无代理权人所确立、实施的民事行为不改变被代理人的权利、义务,但无代理权人仍要履行民事行为相对方的义务。如民事行为相对方知道或根据常识应当知道与自己实施民事行为的代理人没有代理权，仍与其实施民事行为的除外。

3. 与无代理权人实施民事行为的一方，有权单方终止、废除已确立的民事行为，并要求其赔偿损失，但以下两种情况除外：知道或根据常识应当知道与自己实施民事行为的代理人没有代理权，但仍与其实施民事行为的；本条第一款第一项所规定的情况。

4. 无代理权人与民事行为相对方以给被代理人造成损失为目的而实施民事行为，且给被代理人造成损失的，民事行为相对方应承担连带赔偿责任。

第一百四十三条　代理人超出代理范围而确立、实施的民事行为的后果

1. 如代理人所确立、实施的民事行为超出代理人范围的，超出代理人范围的民事行为不改变被代理人的权利、义务，但以下情况除外：

(1)被代理人同意的；

(2)被代理人了解，且没有在合理的时间内提出异议的；

(3)由于被代理人的过失，而导致民事行为对方不知道或无法知道与自己确立、实施民事行为的人已超出代理范围。

2. 代理人超出代理权限范围所确立、实施的民事行为不改变被代理人的权利、义务，但代理人仍需就超出代理权限范围所实施的民事行为对对方承担义务。如交易方知道或根据常识应当知道与自己实施民事行为的代理人已经超出其代理权限范围，仍与其实施民事行为的除外。

3. 已与越权代理人实施民事行为的相对方，有权单方终止、废除其超出代理权限范围或全部的民事行为，并要求其赔偿损失。但以下两种情况除外：知道或根据常识应当知道与自己实施民事行为的代理人已经超出代理权限范围，仍与其实施民事行为的；本条第一款第一项所规定的情形。

4. 代理人与民事行为相对方以给被代理人造成损失为目的进行合作，故意超出代理权限范围而确立、实施民事行为，且被代理人造成损失的，代理人与民事行为相对方应承担连带赔偿责任。

第十章　期间和时效

第一节　期间

第一百四十四条　期间

1. 期间是指从某一时刻到另一时刻间的时间段。
2. 期间可以根据分钟、小时、天、周、月、年或可能发生的事件来确定。

第一百四十五条　期间计算方法的适用

1. 根据本法的规定适用期间计算方法，但另有协议或法律另有规定的除外。
2. 期间应根据阳历进行计算，但另有协议的除外。

第一百四十六条　期间计算时点的规定

1. 各方协定期间为一年、半年、一个月、半个月、一周、一天、一小时、一分钟，但时间不连续的，则这些期间按以下规定进行计算：

(1)一年为三百六十五天；

(2)半年为六个月；

(3)一个月为三十天；

(4)半个月为十五天；

(5)一周为七天；

(6)一天为二十四小时；

(7)一小时为六十分钟；

(8)一分钟为六十秒。

2. 如各方协定时间点为月初、月中、月末，则时间点按以下规定进行计算：

(1)月初为每月的第一天；

(2)月中为每月的第十五天；

(3)月末为每月的最后一天。

3. 如各方协定时间点为年初、年中、年末，则时间点按以下规定进行计算：

(1)年初为一月份的第一天；

(2)年中为六月份的最后一天；

(3)年末为十二月份的最后一天。

第一百四十七条　期间的起始时间

1. 如期间是根据分钟、小时进行计算的，则期间从规定的时间点开始起算。

2. 如期间是根据天、周、月、年进行计算的，则期间的第一天不算，而从第二天开始起算。

3. 如期间是根据事件进行计算的，则事件发生之日不算，而从事件发生后的第一天开始起算。

第一百四十八条　期间的结束时间

1. 如期间是根据天进行计算的，则期间的结束时间为期间的最后一天。

2. 如期间是根据周进行计算的，则期间的结束时间为期间最后一周的对应日。

3. 如期间是根据月进行计算的，则期间的结束时间为期间最后一个月的对应日期；如期间最后一个月无对应日期，则期间的结束时间为期间最后一个月的最后一天。
4. 如期间是根据年进行计算的，则期间的结束时间为期间最后一年所对应的日期。
5. 如期间的最后一天为周末休息日或法定休息日，则期间的结束时间为休息日后的第一个工作日。
6. 期间结束之日的截止时间点为期间结束之日的24:00。

第二节 时效

第一百四十九条 时效

1. 时效是指由法律规定的按法定条件对主体产生法律后果的结束时限。时效根据本法、其他相关法的规定进行适用。
2. 法院根据一方或各方对时效使用的申请，决定所使用的时效，但此申请应在法院立案决定解决事务之前提出。时效使用受益方有权拒绝使用时效，但此拒绝行为旨在逃避履行义务的除外。

第一百五十条 各种时效

1. 享有民事权利时效是指主体在某一时间结束后即享有某项民事权利的期限。
2. 免除民事义务时效是指某一时间结束后民事义务方即得以免除履行某项民事义务的期限。
3. 诉讼时效是指主体有权向法院申请起诉某一民事案件，以保护其合法权益不被侵犯的期限；如该期限结束，则失去起诉权。
4. 申请处理民事事务时效是指主体有权要求法院处理某一民事事务，来保护自然人、法人的合法权益，国家、民族利益，公共利益的期限；如该期限结束，则失去申请权。

第一百五十一条　时效的计算方法

时效从时效的第一天的开始时刻起算，到时效最后一天的结束时刻终止。

第一百五十二条　享有民事权利、免除民事义务时效的效力

法律规定各民事主体按时效来享有民事权利、免除民事义务的情形，只有在该时效结束后，该享有民事权利、免除民事义务的事项才产生效力。

第一百五十三条　享有民事权利、免除民事义务时效的连续性

1. 享受民事权利、免除民事义务的时效从始至终具有连续性；如中途由于某一事件导致其中断的，则时效在该事件结束后重新开始计算。

2. 以下情况下，享有民事权利、免除民事义务的时效中断：

(1)国家职权机关出具具有法律效力的决定，决定中断处于时效期的民事权利和义务；

(2)处于时效期的民事权利和义务与相关权利、义务人有争议，且法院作出了具有法律效力的判决书、决定，决定中断此处于时效期的民事权利和义务；

3. 如享有民事权利、免除民事义务的自然人将其权利合法转移给他人的，则享有民事权利、免除民事义务的时效在原有基础上连续计算。

第一百五十四条　民事案件诉讼时效与要求解决民事事务时效的开始时间

1. 民事案件诉讼时效，从申请人知道或根据常识应当知道自己的合法权益受侵犯之日起算，但法律另有规定的除外。

2. 要求解决民事事务的时效从请求权产生之日起算，但法律另有规定的除外。

第一百五十五条 不适用诉讼时效的情形

在以下情形中,不适用诉讼时效:

1. 要求保护与财产不相关的人身权;
2. 要求保护所有权,但本法或其他相关法另有规定的除外;
3. 根据土地法规定所存在的土地使用权争议;
4. 法律规定的其他情况。

第一百五十六条 不计入民事案件诉讼时效与要求解决民事事务时效的时间

发生以下事件的时间不计入民事案件诉讼时效和要求解决民事事务时效的时间:

1. 不可抗力事件或客观阻碍因素使享有起诉权、请求权的主体无法在时效内进行起诉、提出申请。不可抗力事件是指客观发生的、无法提前预估和即使采用一切必要手段和可能的能力,但仍无法消除的事件。客观阻碍因素是指由客观环境影响、致使享有民事起诉权、请求权的主体无法得知自身的权利与利益被侵犯,或无法实施、履行自己权利与义务的因素。
2. 享有民事起诉权、请求权的主体为未成年人,无民事行为能力人,辨认、控制自身行为有困难的民事行为能力人,限制民事行为能力人且无代理人的;
3. 在以下情形中,未成年人,无民事行为能力人,辨认、控制自身行为有困难的民事行为能力人,限制民事行为能力人尚未有他人替代原代理人的:

(1)如代理人为自然人的,代理人死亡;如代理人为法人的,法人归于消灭;

(2)代理人因正当理由无法继续履行代理人职责的。

第一百五十七条 民事案件诉讼时效的重新计算

1. 在以下情形中，民事案件的诉讼时效重新进行计算：

(1)义务方已承认自己对起诉人的部分或全部义务；

(2)义务方已承认或履行自己对起诉人的部分义务；

(3)各方已和解。

2. 民事案件诉讼时效的重新计算日，为本条第一款所规定的事件发生后的第一天。

第二编　财产所有权和其他权利

第十一章　一般规定

第一节　财产所有权和其他权利确立、行使的原则

第一百五十八条　所有权

财产所有权是指财产所有人根据法律规定对财产所享有的占有权、使用权和处分权。

第一百五十九条　财产的其他权利

1. 财产的其他权利是指主体直接占有、支配其他主体所有财产的权利。
2. 财产的其他权利包括：
   (1)不动产的相邻权；
   (2)用益物权；
   (3)地上权。

第一百六十条　财产所有权和其他权利确立、行使的原则

1. 财产所有权和其他权利在本法、其他相关法所规定的情况下确立、实施。
   财产的其他权利在所有权转移后仍有效力，但本法、其他相关法另有规定的除外。
2. 财产所有人可根据自己的意愿对财产做出任何行为，但不得违反法律规定，危害或影响国家、民族利益、公共利益以及他人的合法权益。

3. 财产其他权利所有人可在本法、其他相关法所规定的权利范围内对财产做出任何行为，但不得危害或影响国家、民族利益，公共利益，他人的合法权益。

第一百六十一条　财产所有权、其他权利的确立时间

1. 根据本法、其他相关法的规定来确定财产所有权、其他权利的确立时间；如法律没有规定的，则根据各方协议确定；如法律没有规定且各方没有协议的，则财产所有权、其他权利的确立时间为财产移交时间。

   财产移交时间是有权方或有权方的合法代表人占有财产的时间。

2. 如财产尚未移交时所产生的孳息、收益，则此孳息、收益属于此财产的移交人，但另有协议的除外。

第一百六十二条　承担财产风险

1. 财产所有人应承担自己所有财产的风险，但另有协议或本法、其他相关法另有规定的除外。
2. 财产其他权利的主体应在自己权利范围内承担财产风险，但与财产所有人另有协议或本法、其他相关法律另有规定的除外。

第二节　财产所有权和其他权利的保护

第一百六十三条　财产所有权、其他权利的保护

1. 财产所有权、其他权利不得被非法限制、剥夺。
2. 若确实必要，如因国防、社会秩序或国家利益、紧急情况、抵御天灾的需要，政府须征购或征用组织、自然人财产的，则政府按市场价对其进行赔偿。

第一百六十四条　财产所有权、其他权利的保护措施

1. 财产所有者与财产其他权利的主体有权采取各类合法措施保

护自身权利、阻止任何他人侵犯自己的权利。

2. 财产所有者与财产其他权利的主体有权要求法院、其他国家职权机关强制要求侵犯自身权利人退还财产，停止非法干涉自身财产所有权、其他权利的行为，并要求其赔偿损失。

第一百六十五条　合法占有

1. 合法占有是指在以下情形中占有财产：

(1)财产所有人占有财产；

(2)根据所有人的委托对财产进行管理；

(3)通过符合法律规定的民事行为取得了财产占有权；

(4)符合本法、其他相关法所规定条件的无主财产、无法确定所有人的财产以及被丢弃、遗忘、掩埋、掩藏、埋没、沉没的财产的发现人与保管人；

(5)符合本法、其他相关法所规定条件的走失家畜、家禽、水产养殖生物的发现人与保管人；

(6)法律规定的其他情况。

2. 不符合本条第一款所规定的财产占有行为属非法占有。

第一百六十六条　要求退还财产权

1. 财产所有人，财产其他权利的主体有权要求非法的财产占有人、财产使用人、不当得利人退还财产。

2. 财产所有人无权要求对财产正在享有他物权的人退还其占有的财产。

第一百六十七条　要求善意占有人退还无需所有权登记的动产权

如善意占有人是通过无偿合同从非财产处分人手中获得此财产的，财产所有人有权要求善意占有人退还无需所有权登记的动产；如善意占有人是通过有偿合同从非财产处分人手中获得此财产，且此动产是被偷窃、遗失或不符合所有者意志而被他人占有的，财产所有人有权要求其退还动产。

第一百六十八条　向善意占有人索回需要所有权登记的动产与不动产的权利

财产所有人有权向善意占有人索回需要所有权登记的动产与不动产，但本法第一百三十三条第二款所规定的情形除外。

第一百六十九条　要求停止非法干涉自身财产所有权、其他权利行为的权利

在行使财产所有权、其他权利时，权利主体有权要求非法干涉人停止干涉行为或要求法院、其他国家职权机关强制要求干涉人停止违法行为。

第一百七十条　要求赔偿损失的权利

财产所有人、财产其他权利的主体有权要求财产所有权、其他权利的侵犯人赔偿损失。

第三节　财产所有权和其他权利的限制

第一百七十一条　财产所有人、财产其他权利的主体在紧急避险情况下的权利与义务

1. 紧急避险是指某人试图阻止正在直接威胁公共利益，自身或他人合法权利、权益的行为，别无他途而只能选择比需阻止行为破坏力小的另一行为的情况。
2. 在紧急避险情况下，财产所有人、财产其他权利的主体不得在危险发生时，干涉他人使用自己财产或干涉他人损害自己财产来阻止、降低危险或更大的损失。
3. 紧急避险情况下而对财产造成损失的，不构成对财产所有权、其他权利的侵害。受损失财产的所有人、其他权利的主体的赔偿问题根据本法第五百九十五条的规定执行。

第一百七十二条 环境保护义务

在行使财产所有权、其他权利时，权利的主体应遵守环境保护相关法律的规定；如对环境造成污染的，则应停止污染行为，并采取相应措施去除污染与赔偿损失。

第一百七十三条 尊重、保障社会秩序、安全的义务

在行使财产所有权、其他权利时，权利的主体应尊重、保障社会秩序、安全，不得滥用自身权利来危害社会秩序、安全，国家、民族利益，公共利益与他人的合法权益。

第一百七十四条 尊重建筑规则的义务

在工程建设时，财产所有权、其他权利的主体应遵守相关建筑法律规定，保障安全，不得违反相关建筑法律规定来设定建筑高度、间距，不得侵犯相邻、周围不动产的财产所有人、其他权利的主体的合法权益。

第一百七十五条 不动产的分界

1. 相邻不动产间的分界线根据协议或国家职权机关的决定来确定，也可根据习惯或已经存在超过三十年且没有纠纷的边界线来确定。即使分界线为渠、沟、壕沟、沟槽、田埂的，也不得僭越、侵占、改变分界线。所有主体有义务尊重、维护分界线。
2. 土地使用人可以依法使用边界范围内土地的空间与面积，但不得影响他人的土地使用。土地使用人根据已确定的边界，只可在享有土地使用权的土地边界范围内使用土地进行种植与从事其他作业；如树根、树枝越过边界的，应对越界部分进行修剪、拔除、砍伐，但另有协议的除外。

第一百七十六条 不动产的分界界标

1. 不动产所有人只可在自己享有使用权的土地上修建界碑、栅栏、分界墙与种植分界植物。

2. 不动产相连的，其财产所有人可以就不动产边界上界碑、栅栏、分界墙的修建与分界植物的种植进行协商，且此界标的所有权归属于双方不动产所有人。如一方在边界上修建界标，获得相邻不动产所有人同意修建的，界标的所有权归属双方财产所有人，但界标的修建费用由修建方承担；如一方在边界上修建界标，但相邻不动产所有人不同意修建且有正当理由的，界标修建人应移除已修建的界标，如界碑、栅栏、分界墙与分界植物。

3. 如界标为共用墙的，相邻不动产的所有人不得在此墙上开凿窗口、透气口或凿墙来放置建筑结构，但相邻不动产所有人同意的除外。如房屋为各自修建但墙体相连的，财产所有人只可在自己分界墙范围内进行凿墙，放置建筑结构。如分界植物为双方财产所有人所共有的，则双方应共同对分界植物进行维护且分界植物的孳息应平均分配，但另有协议的除外。

第一百七十七条　在植物、建筑可能造成危险的情况下，有保障相邻或周围不动产所有人安全的义务

1. 如植物、建筑可能对相邻或周围不动产造成危险的，植物、建筑的所有人应根据相邻不动产、周围不动产所有人以及国家职权机关的要求，立即采取解决措施，如砍伐、移除植物或修理、移除此建筑；如植物、建筑所有人不愿意采取措施的，其相邻不动产、周围不动产所有人有权要求国家职权机关对其进行砍伐、移除，且砍伐、移除支出由植物、建筑的所有人承担。

2. 挖掘水井、水塘或进行地下建筑作业的，其所有人应根据相关建筑法律的规定，挖掘、修建一定长度的界标。修建卫生工程、有毒物储存仓库与其他在使用过程可能造成环境污染的工程的，财产所有人应在恰当的位置上，修建一定长度的界标，并保证修建工程卫生、安全且不对其他不动产所有人的生活造成影响。

3. 如本条第一款与第二款所规定的情况有对相邻、周边不动产所有人造成损失的，植物、建筑所有人应赔偿他人损失。

第一百七十八条　相邻不动产的门窗开凿

1. 房屋所有人只可以根据相关建筑法律的规定，开凿出入门，开凿朝向隔壁人家、对面人家与公共道路的门窗。
2. 出入门顶的底面、朝向公共道路的窗户的顶部底面应距离地面2.5米及以上。

第十二章　占有

第一百七十九条　占有的概念

1. 占有是指相关主体如同财产所有权人一样直接或间接地控制、支配财产。
2. 占有包括财产所有人占有与非财产所有人占有。非财产所有人占有不能作为所有权确立的条件，但本法第二百二十八条、二百二十九条、二百三十条、二百三十一条、二百三十二条、二百三十三条与二百三十六条所规定的情况除外。

第一百八十条　善意占有

善意占有是指占有人有证据证明自己对所占有财产享有权利的占有行为。

第一百八十一条　恶意占有

知情占有为占有人知道或根据常识应当知道自己对所占有财产不具有权利的占有行为。

第一百八十二条　连续占有

1. 连续占有是指在一段时间内，包括财产转交给他人占有的时间内，占有人的财产权利没有争议，或即使财产权利有争议但法院还没有做出判决、其他国家职权机关没有做出有效决定的占有行为。

2. 非连续占有不得作为本法第一百八十四条所规定的占有人情况与权利的推定根据。

第一百八十三条　公开占有

1. 公开占有是明确、毫无遮掩的占有行为；占有人根据所占有财产的性能、作用使用财产，如同保护自身财产一样来保管、维护占有财产。

2. 非公开占有不得作为本法第一百八十四条所规定的占有人情况与权利的推定根据。

第一百八十四条　占有人情况与权利的推定

1. 占有人可被推定为恶意占有人；若认为占有人是善意占有人的，则其应出具证明。

2. 如财产所有权存在争议的，则占有人可被推定为财产权利所有人。如他人与财产占有人对该财产发生争议的，则其应证明占有人没有财产所有权。

3. 连续、公开占有财产的善意占有人可根据本法、其他相关法律规定适用享有权利时效以及获取所占有财产孳息、收益的权利。

第一百八十五条　占有保护

如占有权被他人侵犯的，占有人有权要求侵犯人停止侵犯行为，恢复财产被侵犯前状态，退还财产与赔偿财产损失，或要求法院、其他国家职权机关强制要求侵犯人停止侵犯行为，恢复财产被侵犯前状态，退还财产与赔偿财产损失。

第十三章　所有权

第一节　所有权内容

第一小节　占有权

第一百八十六条　所有权人的占有权

所有权人可以按自己的意志来实施一切行为以掌控、支配自己的财产，但是不得违反法律和社会道德。

第一百八十七条　经所有权人授权管理财产者的占有权

1. 经所有权人授权管理财产的人按照所有者确定的方式、期限，在规定的范围内占有该财产。
2. 依照本法第二百三十六条的规定，所有权人授权的财产管理人不能成为受托管理财产的所有权人。

第一百八十八条　通过民事行为受领财产者的占有权

1. 当所有权人通过民事行为将财产移交给他人，但交易内容不包括转让所有权时，受领移交财产的人对该财产进行占有时应符合交易的目的、内容。
2. 受领财产的人有权使用接收的财产，经所有人同意，可以将该财产的占有权、使用权转让给其他人。
3. 依照本法第二百三十六条的规定，受领财产的人不能成为接收财产的所有权人。

第二小节 使用权

第一百八十九条 使用权

使用权是指开发利用财产之功用，享受财产所生孳息、收益的权利。

使用权可以通过合同或根据法律规定转移给其他人。

第一百九十条 所有权人的使用权

所有权人可以按自己的意思使用财产，但不得损害或影响国家、民族利益、公共利益及他人的合法权利和利益。

第一百九十一条 非所有权人的使用权

非所有权人可以按照与所有权人之间的协议或根据法律规定来使用财产。

第三小节 处分权

第一百九十二条 处分权

处分权是指转移财产所有权、抛弃财产所有权、消费或销毁财产的权利。

第一百九十三条 行使处分权的条件

财产之处分必须由具有民事行为能力人在不违反法律规定的前提下进行。

法律有关于处分财产之程序和手续的规定时，应当遵守规定的程序和手续。

第一百九十四条 所有权人的处分权

所有权人有权出售、交换、赠与、出借、继承、抛弃财产的所有权，以及消费、销毁财产或以其他符合法律规定的方式处分财产。

第一百九十五条 非所有权人的处分权

非所有权人只能依所有权人的委托或依法律规定享有财产处

分权。

第一百九十六条　处分权的限制

1. 处分权只在法律规定情形中受到限制。

2. 若出售的财产为《文化遗产法》规定的历史文化遗产，则国家有权优先购买。

   在法人、自然人依法享有某些财产优先购买权的情形，所有权人在出售财产时，应当为该主体保留优先购买权。

第二节　所有权形式

第一小节　全民所有

第一百九十七　属于全民所有的财产

土地、水资源、矿产资源、海洋资源、空间资源、其他自然资源和国家投资、管理的财产都属于全民所有的公共财产，由国家代为所有并统一管理。

第一百九十八条　全民所有财产所有权的行使

1. 越南社会主义共和国国家作为代表行使属于全民所有财产的所有权。

2. 中央政府对全民所有财产进行统一管理，并保证全民所有财产得到正确、有效和节约使用。

第一百九十九条　全民所有财产的管理、使用和处分

全民所有财产的占有、使用和处分根据法律规定的范围和程序进行。

第二百条　对投资于企业的财产行使全民所有权

1. 全民所有的财产投资于企业时，国家依企业法律的规定对该财产行使所有权，依照其他相关法律的规定对国家投资于企业生产经营的资金进行管理、使用。

2. 企业依相关法律的规定管理和使用国家投资的资本、土地、自然资源和其他财产。

第二百零一条　对拨付给国家机关、人民武装部队的财产行使全民所有权

1. 全民所有的财产拨付给国家机关、人民武装部队时，国家对该财产的管理和使用行使监督检查权。

2. 国家机关、人民武装部队对国家拨付的财产，有权依正确用途和法律规定进行管理和使用。

第二百零二条　对拨付给政治组织、政治-社会组织、社会行业政治组织、社会组织、社会-行业组织的财产行使全民所有权

1. 全民所有的财产拨付给政治组织、政治-社会组织、社会行业政治组织、社会组织、社会-行业组织使用时，国家对财产的管理和使用行使监督检查权。

2. 政治组织、政治-社会组织、社会行业政治组织、社会组织、社会-行业组织对国家拨付的财产，有权依正确的用途和范围，依法律规定的方式和程序，依章程规定的职能和任务，进行管理和使用。

第二百零三条　自然人、法人使用和经营全民所有财产的权利

依法律规定，自然人和法人可以使用土地，开发利用水产资源、自然资源及其他属于全民所有的财产；但使用和开发必须目的正当，富有成效，并依法充分履行对于国家的各项义务。

第二百零四条　未交付给自然人、法人管理的全民所有的财产

对于未交付给自然人、法人管理的全民所有的财产，中央政府组织和实施保护、调查、勘察，以及制订开发规划。

第二小节　私有

第二百零五条　私有和私有财产

1. 私有是指自然人或法人的所有。

2. 私有的财产不受数量、价值的限制。

第二百零六条　私有财产的占有、使用和处分

1. 所有权人为了满足生活、消费需要，为了进行生产经营活动，以及为了其他合法目的，有权占有、使用和处分属于私有的财产。

2. 对私有之财产的占有、使用和处分，不得损害或影响国家、民族利益、公共利益以及他人的合法权利和利益。

第三小节　共有

第二百零七条　共同所有和各类共同所有

1. 共同所有是指数个主体对某一财产拥有所有权。

2. 共同所有包括按份共有和共同共有。

第二百零八条　共同所有权的确立

共同所有权依合同、法律规定或依习惯而成立。

第二百零九条　按份共有

1. 按份共有是可以确定各所有权人对共有财产所享有的所有权份额的共有形式。

2. 各按份共有人按照各自的所有权份额，对共有的财产享有权利、承担义务；当事人各方另有约定的，不在此限。

第二百一十条　共同共有

1. 共同共有是不能确定各所有人对于共有财产之所有权份额的共有形式。

共同共有包括可分的共同共有与不可分的共同共有。

2. 各共同共有人对于共有财产有平等的权利和义务。

第二百一十一条　团体的共有

1. 团体共有是指宗族、村庄、村寨、商会、宗教团体及其他居民团体为了满足整个团体的合法共同利益，对依风俗习惯形成的财产、团体各成员共同缴纳和捐献的财产，共同接受捐赠的财产或其他合法财产的共同所有。
2. 团体成员依合同或依习惯，为了团体的共同利益，共同管理、使用和处分共有财产，但不得违反法律和社会道德。
3. 团体共有的财产是不可分割的共同共有财产。

第二百一十二条　家庭成员的共有

1. 共同生活的家庭成员的财产包括由各成员贡献、创立的财产和依照本法和其他相关法律确立所有权的财产。
2. 家庭成员共有财产的占有、使用和处分按协商一致方式进行。对登记注册的作为家庭主要收入来源的不动产、动产进行处分时，应征得所有具有完全民事行为能力成员的一致同意，法律另有规定的情形除外。

   如果没有达成一致，则适用本法规定的按份共有的规定和其他相关法律的规定，但本法第二百一十三条规定的情形除外。

第二百一十三条　夫妻共有

1. 夫妻共有是可以分割的共同共有。
2. 夫妻双方共同创造、发展共有财产，夫妻对于共有财产有平等的占有、使用和处分权。
3. 夫妻对共有财产的占有、使用和处分应当协商一致，或一方委托对方占有、使用。
4. 夫妻共有的财产可依协议或依法院判决予以分割。
5. 如果夫妻双方选择按照婚姻家庭法律的规定以协商方式处置

财产，那么夫妻共有财产适用该财产模式。

第二百一十四条　共同居住的房屋的共同所有

1. 共同居住的房屋中公共使用的面积设施和其他财产属于该房屋内全体单元房所有权人共有，并且不得分割，法律另有规定或全体共有人另有约定的，不在此限。
2. 共同居住的房屋内的各单元房所有权人对本条第一款规定的财产有平等的管理权和使用权，法律另有规定或另有约定的，不在此限。
3. 在共同居住的房屋被损毁的情况下，单元房所有权人的权利按照法律的规定行使。

第二百一十五条　混合共有

1. 混合共有是指属于不同经济成分的所有权人共同投资进行营利性生产经营活动，从而形成对财产的共有形式。
2. 各所有权人的出资、生产经营活动所得合法利润以及其他合法来源所形成的财产都属于混合共有财产。
3. 对混合共有之财产的占有、使用和处分，应当遵守本法第二百零九条的规定，并遵守有关投资、企业组织、生产经营活动、管理、调度、财产责任和利润分配的法律规定。

第二百一十六条　共有财产的管理

各个共同所有权人依协商一致的原则共同管理共有财产；各方另有约定或法律另有规定的，依约定或规定。

第二百一十七条　共有财产的使用

1. 按份共有财产的所有权人，有权依自己的所有权份额开发利用共有财产，享受共有财产的孳息、收益；各方另有约定或法律另有规定的，依约定或规定。
2. 共同共有财产的所有权人，有权平等地开发利用共有财产，享受共有财产的孳息、收益；各方另有约定的情形除外。

第二百一十八条 共有财产的处分

1. 按份共有财产的各所有权人，有权处分自己的所有权份额。
2. 对共同共有财产的处分，依各所有权人的协议或依法律规定进行。
3. 共有人之一出售自己的所有权份额时，其他共有人享有优先购买权。

   其他共有人自收到出售及出售条件的通知之日起，共有财产为不动产的满三个月，为动产的满一个月，若仍无任何共有人购买，则该共有人有权将其财产份额出售给共有人以外的人。通知应以书面方式发出，并且针对其他共有人的出售条件应当与出售给非共有人的出售条件相同。

   在所有权份额之出售违反优先购买权的情形，自发现违反优先购买权之日起三个月内，共有财产的按份共有人之一有权要求法院判决将买受人的权利和义务移转到自己名下；有过错的一方必须赔偿损失。
4. 若不动产共有人之一抛弃自己的所有权份额，或死亡且无继承人，则其所有权份额归国家所有；若为团体共同所有，则该所有权份额仍然属于该团体余下的全体共同所有人。
5. 若动产共有人之一抛弃自己的所有权份额，或死亡且无继承人，则该所有权份额属于余下的各个共同所有人。
6. 若全部所有权人抛弃自己对共有财产的所有权，则适用本法第二百二十八条确立所有权。

第二百一十九条 共有财产的分割

1. 共有财产可以分割的，每个共有人都有权要求分割共有财产；若各共有人约定或依法律规定在一定期间内保持共有状态，则只有当期间届满时才可要求分割；共有财产不能实物分割的，则要求分割财产的共有人有权出售自己名下的所有权份额，但各共有人另有协议的除外。

2. 当有债权人要求某一共有人履行偿还义务，而该共有人没有单独的个人财产或单独的个人财产不足以履行偿还义务时，债权人有权要求分割共有财产以清偿债务，并有权参与财产分割事务；法律另有规定的，依规定。

若不能以实物分割所有权份额，或其他共有人反对实物分割，则债权人有权要求债务人出售他的所有权份额以履行偿还义务。

第二百二十条　共有的终止

在以下情形，共有终止：

1. 共有财产已经被分割；
2. 其中一名共有人取得全部共有财产；
3. 共有财产不复存在；
4. 法律规定的其他情形。

第三节　所有权的取得和消灭

第一小节　所有权的取得

第二百二十一条　取得所有权的依据

对于以下情形中的财产，可取得其所有权：

1. 劳动收入、合法生产经营收入、发明创造活动产生的知识产权对象；
2. 依协议或者法院、其他主管国家机关的判决、决定获得所有权转移；

3. 取得孳息、收益；

4. 因合并、混合、加工形成的新财产；

5. 继承所得；

6. 在法律规定条件下对无主财产、所有人不明财产；被发现的埋藏物、沉没物，以及其他人的遗落、遗忘财产，走失的家畜、家禽，自然迁徙的水中养植物的占有；

7. 本法第二百三十六条规定财产的占有、收益；

8. 法律规定的其他情形。

第二百二十二条　对劳动收入、合法生产经营活动收入、发明创造活动产生的知识产权取得所有权

劳动者、合法生产经营者对其通过劳动、合法生产经营取得的财产自取得该财产之时起享有所有权。

从事发明创造者对于其在发明创造活动中取得的财产依《知识产权法》的规定享有所有权。

第二百二十三条　依合同取得所有权

通过买卖、赠与、交换、借贷合同或法律规定的其他所有权转让合同取得财产的人，对该财产享有所有权。

第二百二十四条　对孳息、收益取得所有权

所有权人、财产使用人依协议或依法律规定，自取得孳息、收益之时起，享有对该孳息、收益的所有权。

第二百二十五条　合并时所有权的取得

1. 数个所有权人的财产以合并形成一种不可分物时，若用以合并的财产无法区分为主物与从物，则新形成之物归各原物所有权人共有；若用以合并的财产可分为主物与从物，则新形成之物自形成之时起归主物的所有权人所有；新物所有权人应当按从物之价值向从物之所有人支付价款；各方另有约定的，不在此限。

2. 若某人明知或应当知道为他人所有之动产，并且未经他人同意将该动产并入自己的动产，则被合并之财产所有人享有以下权利之一：

(1)要求财产合并人将新财产交付给自己，对合并人的财产按其价值给予清偿；

(2)若不接受新财产，则要求财产合并人清偿自己所占份额财产之价值，并赔偿损失；

(3)法律规定的其他权利。

3. 若某人明知或应当知道为他人所有之动产，并且未经他人同意将该动产并入自己的不动产，则被合并之财产所有人享有以下权利之一：

(1)要求财产合并人清偿自己所占份额财产之价值，并赔偿损失；

(2)法律规定的其他权利。

4. 当某人将自己的动产财产合并到他人的不动产时，不动产的所有权人有权要求合并人剔除非法合并的财产并且赔偿损失，或者保留财产并向合并人支付合并财产的价值，但另有约定的不受此限。

第二百二十六条　混合所有权的取得

1. 数个不同所有权人的财产混合形成一种新的不可分物时，则自混合之时起，新物归各原物所有权人共有。

2. 若某人明知或应当知道财产为他人所有，并且未经他人同意将其财产混合于自己的财产，则被混合之财产所有权人享有以下权利之一：

(1)要求财产混合人将新财产交付给自己，对混合人的财产按其价值给予清偿；

(2)若不接受新财产，则要求财产混合人清偿自己所占份额财产之价值，并赔偿损失。

第二百二十七条　加工过程中所有权的取得

1. 原材料经过加工形成新的制成物时，原材料的所有权人也是新制成物的所有权人。

2. 善意使用他人原材料进行加工者，享有制成物的所有权，但应当向原材料的所有权人支付原材料之价值，并赔偿损失。

3. 若加工人非为善意，则原材料的所有权人有权要求加工人交付制成物；若原材料为数人所有，则各所有权人同为制成物的按份共有人，按各自原材料的价值份额享有对制成物的所有权。原材料的所有权人有权要求非善意加工人赔偿损失。

第二百二十八条　对无主财产、所有人不明财产取得所有权

1. 无主财产是所有权人已抛弃所有权的财产。

   动产无主财产的发现人、当前管理人享有该财产的所有权，但法律另有规定的除外；若财产为不动产，则归国家所有。

2. 所有权人不明财产的发现人应当报告或将它送交最近的乡级人民委员会或派出所，以便公告通知所有权人知悉并认领。

   移交财产应当制作书面记录，载明送交人和收受人的姓名、地址、财产的状况、数量和质量。

   接收财产的乡级人民委员会或派出所应将财产所有人的调查结果通知发现人。

   所有权人不明财产为动产时，自公告之日起满一年仍不能确定所有权人的，则该动产的所有权归发现人所有。

   为不动产时，自公告之日起满五年仍不能确定所有权人的，则该不动产归国家所有，发现人依法可以获得一定数额的奖金。

第二百二十九条　被发现的埋藏物、沉没物所有权的确定

1. 埋藏物、沉没物的发现人应当立即通知或交还给所有权人；如果不知道谁是所有权人，则应报告或上交最近的乡级人民委员会或派出所或法律规定的其他有管辖权的国家机关。

2. 被发现的埋藏物、沉没物没有或不能确定所有权人时，在扣除寻找、保管费用后，该财产的所有权依以下方式确定：

(1)被发现的财产依照《文化遗产法》的规定为历史文化遗产时，则归国家所有，该财产的发现人依法可以获得一定数额的奖金。

(2)被发现的财产依照《文化遗产法》的规定不属于历史文化遗产时，若其价值小于或相当于十个月的国家规定最低月工资，则该财产归发现人所有；若其价值高于十个月的国家规定最低月工资，则发现人可享有相当于十个月的国家规定最低月工资数额的价值以及超出部分价值的50%，剩余部分价值归国家所有。

第二百三十条　被他人遗落、遗忘财产的所有权的确定

1. 发现他人遗落或遗忘财产并知道失主地址者，应当通知或送还失主；若不知道失主地址，则应当报告或送交最近的乡级人民委员会或派出所，以便公告通知所有权人知悉并认领。

接收财产的乡级人民委员会或派出所应将所有人的调查结果通知发现人。

2. 自发布遗落、遗忘财产公告之日起满一年，仍不能确定失主或失主不认领的，该财产的所有权按以下方式确定：

(1)若遗落财产、遗忘财产价值小于或等于十个月的国家规定的最低月工资，根据本法的规定以及其他相关法律的规定，该遗落财产、遗忘财产归拾得人所有；若其价值高于十个月的国家规定的最低月工资，则在扣除保管费用后，拾得人可享有相当于十个月的国家规定的最低月工资的价值，以及超出部分价值的50%，剩余部分归国家所有。

(2)遗落财产、遗忘财产依照《文化遗产法》的规定属于历史文化遗产时，则该财产归国家所有，拾得人可以依法获得一定数额的奖金。

第二百三十一条　走失家畜所有权的确定

1. 捉住走失的家畜者，应当进行饲养，并报告住所地的乡级人民委员会或派出所，以便公告通知所有权人认领。自公告之日起满六个月或者依习惯为散养的家畜满一年时，该家畜以及饲养期间产仔的所有权归捉养人所有。
2. 所有权人认领走失家畜时，应当向捉养人支付饲养费及其他费用。在饲养走失的家畜期间，若家畜产仔，则捉养人可享有半数仔畜或产出仔畜价值的50%；若故意杀死家畜，则必须赔偿损失。

第二百三十二条　走失家禽所有权的确定

1. 某人的家禽走失而被他人捉住时，捉住走失的家禽者应当公开通报物主知悉并认领。自公告之日起满一个月仍无人认领时，则家禽及其所生孳息的所有权归捉得家禽者所有。
2. 所有权人认领走失家禽时，应当向捉养人支付饲养费及其他费用。在饲养走失的家禽期间，捉养人有权享有家禽所生孳息；若故意杀死家禽，则必须赔偿损失。

第二百三十三条　对水中养殖物所有权的确定

某人的水中养殖物自然进入他人的田、塘、湖时，则该物归田、塘、湖的主人所有。若水中养殖物有独特标记，足以表明养殖物不属于自己所有，则田、塘、湖的主人应当公开通报，以便物主知晓并认领。自公开通报之日起满一个月仍无人认领的，则该水下养殖物的所有权属于田、塘、湖的主人。

第二百三十四条　继承所有权的取得

继承人依本法第四编的规定对继承的财产享有所有权。

第二百三十五条　依法院的判决和其他有权国家机关的决定取得所有权

所有权可根据法院的有效判决、决定或其他有权国家机关的决定而取得。

第二百三十六条　按时效取得无法律依据占有财产、获取收益的所有权

无法律依据但善意、连续、公开占有财产或取得利益者，自占有开始之时起，动产经过十年，不动产经过三十年，则成为该财产的所有权人，但本法和其他法律另有规定的除外。

第二小节　所有权的消灭

第二百三十七条　所有权消灭的依据

在以下情形中，所有权消灭：

1. 所有权人将自己的所有权转移给他人；
2. 所有权人抛弃自己的所有权；
3. 财产已经被消费或被销毁；
4. 为履行所有人的义务而处理其财产；
5. 财产被征购；
6. 财产被没收；
7. 依本法的规定，财产的所有权被确定给他人；
8. 法律规定的其他情形。

第二百三十八条　所有权人将自己的所有权转移给他人

所有权人通过买卖、交换、赠与、借贷合同、法律规定的所有权转移合同或通过继承将财产所有权移转于他人时，其财产所有权在因他人取得所有权时终止。

第二百三十九条　抛弃所有权

所有权人可采取公开宣布的方式，或实施某种行为表示主动抛弃对财产的占有、使用和处分权，而自行放弃对自身财产的所有权。

若财产因所有权人抛弃所有权，将会对社会秩序与安全造成危害或造成环境污染，则所有权的抛弃必须遵守法律规定。

第二百四十条　财产的所有权已经确定给他人

他人依本法第二百二十八条至二百三十三条的规定，取得所有权人不明的财产，被发现的埋藏物、沉没物、被遗落、遗忘的财产，走失的家畜、家禽，以及自然迁移的水下养殖物的所有权时，则财产的原所有权人的所有权终止。

财产占有人、受益人依本法第二百三十六条的规定和相关法律的规定取得占有物的所有权时，则财产之原所有权人的所有权消灭。

第二百四十一条　为履行所有人的义务而处理其财产

1. 依法院或其他有权国家机关的决定，为履行所有权人的义务而处理其财产时，如果法律没有其他规定，则所有权人对于该财产的所有权消灭。
2. 对依法不得查封的财产不能适用于该项为履行所有权人的义务而处理其财产的规定。
3. 为履行所有权人的义务而处理其财产的，其财产所有权自他人取得时消灭。
4. 对土地使用权的处理，依土地法律之规定进行。

第二百四十二条　财产已经被消费或被销毁

当财产被消费或销毁时，对该财产的所有权消灭。

第二百四十三条　财产被征购

国家依法律规定征购财产时，自国家机关的决定发生法律效力之日起，所有权人对该财产的所有权消灭。

第二百四十四条　财产被没收

所有权人因犯罪或违犯行政法规，财产被没收、充公上缴国库时，自法院的判决、决定或其他有权国家机关的决定发生法律效力之日起，所有权人对该财产的所有权消灭。

第十四章　其他财产权利

第一节　相邻不动产权

第二百四十五条　相邻不动产权

相邻不动产权是指在某一不动产上（称为被享用权不动产）实施服务于其他不动产所有人开发和利用其相邻不动产（称为享用权不动产）的权利。

第二百四十六条　确定相邻不动产权的依据

相邻不动产权依据法律规定、协议或者遗嘱并按自然地势确定。

第二百四十七条　相邻不动产权的效力

相邻不动产权对于所有的自然人、法人都有效力，且当不动产被转移时也被转移，相关法律另有规定的情况除外。

第二百四十八条　行使相邻不动产权的原则

根据各方的协议行使相邻不动产权。各方没有协议的情况下，则依照下列原则执行：

1. 确保享用权不动产开发利用的合理需求符合享用权不动产以及被享用权不动产的使用目的；
2. 不得滥用对被享用权不动产的权利；
3. 不得有阻止或给行使享用权不动产权带来障碍的行为。

第二百四十九条　行使相邻不动产权事项的变更

被享用权不动产的变更使用、开发引起享用权不动产行使的相邻权发生变化的，则被享用权不动产所有者必须在合理的时间内提前通知享用权不动产所有者。被享用权不动产所有者必须给享用权不动产所有者制造有利条件以适应这个变化。

第二百五十条　雨水排放工作中所有者的义务

房屋、其他建筑工程所有者必须安装引水管道，从而使雨水不从自家的房顶、建筑工程流到相邻不动产所有者的不动产上。

第二百五十一条　废水排放工作中所有者的义务

房屋、其他建筑工程所有者必须建下水道或排水沟以将废水排到指定地点，从而使废水不漫到相邻不动产所有者的不动产上，不流到公共道路或公共生活场所。

第二百五十二条　经过相邻不动产的供水、排水权

由于不动产的自然地理位置而供水、排水必须得经过其他不动产的情况下，则有水流经的不动产的所有者必须留出一个合适的排、供水道，不得妨碍或阻止水流。

安装排水管道时，排、供水道使用者必须尽量减少对其水道流经的不动产所有者的损害；如果造成损害则必须赔偿。水从高处自然流向低处而对流经的不动产所有者造成损害的情况下，排、供水道使用者无需赔偿损失。

第二百五十三条　耕作时的浇水、灌溉权

人们有权利使用土地进行耕作，当有浇水、灌溉需求时，有权利要求那些使用周围土地的人给自己留一条合适、便利浇灌的引水道；被要求的人有义务满足此要求；如果引水道使用者给使用周围土地的人造成损害则必须赔偿。

第二百五十四条　通道权

1. 因业主有不动产被其他业主的不动产包围而没有通往公共道路的通道或通道不足，有权利要求包围自己的不动产所有者在他们的土地上留一条合理的通道给自己。

   通道开在哪个不动产才是最便利、最合理的，应考虑到被包围的不动产位置的具体特点、利益以及给开放通道的不动产造成的损害是最小的。

   享用权不动产所有者关于通道必须补偿被享用权不动产所有者，另有协商的情况除外。
2. 通道位置，长、宽、高界限由各方协商，确保各方出行方便，少麻烦；如有关于通道的纠纷则有权要求法院或其他相关国家机关确定。
3. 不动产分成多个部分供各个不同所有者、使用者的情况下，则在划分时必须根据本条第二款规定，给里面的所有者留一条必要的通道且无需补偿。

第二百五十五条　通过其他不动产悬挂电力传输、通信联络线路

不动产所有者有权利合理地通过其他所有者的不动产悬挂电力传输、通信联络线路，但是要确保这些所有者的安全和便利；如果造成损坏则应赔偿。

第二百五十六条　消灭相邻不动产权

相邻不动产权在下列情况中消灭：

1. 享用权不动产和被享用权不动产属同一个人所有；
2. 不动产的使用、开发不再产生享用权需求；

3. 根据各方的协议；

4. 依照法律规定的其他情况。

第二节 用益权

第二百五十七条 用益权

用益权即主体在一定期限内可开发使用属于其他主体享有所有权的财产，并获取收益和收入的权利。

第二百五十八条 用益权的确立依据

用益权可依据法律规定、协议或遗嘱来确定。

第二百五十九条 用益权的效力

用益权自财产转交时确立，另有协商或相关法律有其他规定的情况除外。

已经确立的用益权对于每个自然人、法人都具有效力，相关法律另有规定的情况除外。

第二百六十条 用益权的期限

1. 用益权的期限由各方协商或由法律规定，但如果用益权人是自然人则享用期限最长至最先用益权人生命终结时刻；如果用益权人是法人则享用期限至法人消灭，但最长期限为三十年。
2. 本条第一款中规定的期限内用益权人有权利出租用益权。

第二百六十一条 用益权人的权利

1. 自己或允许他人开发、使用用益权对象并从中获取收益、收入。
2. 要求财产所有者根据本法律第二百六十三条第四款的规定履行财产维修义务；代替财产所有者履行义务的情况下，则有权利要求财产所有者支付费用。
3. 出租财产用益权。

第二百六十二条　用益权人的义务

1. 如果法律有规定，则须依法根据现状接管财产并进行登记。
2. 开发财产要符合财产的功能和使用目的。
3. 像自己的财产一样爱护、保管财产。
4. 定期保养、维修财产以确保正常使用；恢复财产性状及消除一切因没有很好履行自己的义务以符合保管财产的技术要求或习惯所造成的不良后果。
5. 当用益权期限结束时将财产归还给财产所有者。

第二百六十三条　财产所有者的权利和义务

1. 处置财产但不得改变已确立的用益权。
2. 用益权人严重违反自己义务的情况下要求法院撤销其用益权。
3. 不得实施阻碍、制造困难或侵犯用益权人合法权益的其他行为。
4. 履行财产维修义务以确保财产功能、价值不被显著降低功能而导致无法使用或失去功能、价值。

第二百六十四条　享有收益、收入的权利

1. 用益权人在有效期内对于从用益权对象财产中获得的收益、收入拥有所有权。
2. 用益权消灭而收益、收入收取期限未到的情况下，则用益权人可获得其在用益权期限内相应的收益、收入。

第二百六十五条　用益权消灭

用益权在下列情况下消灭：

1. 用益权期限终结；
2. 根据各方协议消灭；
3. 用益权人成为用益权对象财产的所有者；
4. 用益权人于法律规定期限内自动放弃或不行使用益权；

5. 作为用益权对象的财产不复存在；

6. 根据法院的决定消灭；

7. 法律规定的其他消灭情形。

第二百六十六条　当用益权消灭时财产的归还

作为用益权对象的财产在用益权消灭时必须归还给所有者，另有协议或法律另有规定的情况除外。

第三节　地上权

第二百六十七条　地上权

地上权即主体对于其他主体享有使用权的地面、水面及其上空和地下所行使的权利。

第二百六十八条　地上权的确立依据

地上权可依照法律规定，根据协议或遗嘱确立。

第二百六十九条　地上权的效力

地上权自具有土地使用权主体转交地面、水面及其上空和地下给拥有地上权主体时起生效，另有协议或相关法律另有规定的情况除外。

地上权对于所有的自然人、法人都具有效力，相关法律另有规定的情形除外。

第二百七十条　地上权期限

1. 地上权使用期限可依照法律规定，根据协议或遗嘱来确定，但是不得超过土地使用权期限。

2. 协议或遗嘱未确定地上权期限的情况下则每一方任何时候都有权利终止这项权利，但必须至少提前六个月以书面的形式通知对方。

第二百七十一条　地上权内容

1. 地上权主体有权利开发、使用属于他人土地使用权的地面、水面及其上空和地下用以建设工程、种树，耕作，但不得违反本法律、土地、建设、规划、资源、矿产法的规定以及相关法律的其他规定。
2. 地上权主体对于根据本条第一款规定建立的一切财产拥有所有权。
3. 地上权被部分或全部转让的情况下，则受让主体根据转让条件承继被转移的地上权相应范围内的地上权。

第二百七十二条　地上权消灭

地上权在下列情况下消灭：

1. 地上权期限终结；
2. 地上权主体和土地使用权主体变为同一人；
3. 地上权主体放弃自己的权利；
4. 有地上权的土地使用权依照法律规定被收回；
5. 根据各方的协议或法律规定消灭。

第二百七十三条　当地上权被消灭时的财产处理

1. 当地上权被消灭，地上权主体必须根据协议或依据法律规定向土地使用权主体归还地面、水面及其上空和地下。
2. 地上权主体在地上权被消灭前必须处理属于自己所有的财产，另有协议的情况除外。

   地上权主体在地上权被消灭前未处理财产的情况下，则自地上权被消灭时起财产所有权属于土地使用权主体，土地使用权主体不接受这些财产的情况除外。

   若土地使用权主体不接受财产且必须处理这些财产，则地上权主体必须支付这些财产的处理费用。

第三编　义务与合同[①]

第十五章　一般规定

第一节　义务产生的依据及对象

第二百七十四条　义务

义务即因其他一个或多个主体(以下统称为权利主体)的利益,一个或多个主体(以下统称为义务方)必须转交物品、转让权利、支付钱款或有价证券、执行或不得执行某项指定事项。

第二百七十五条　义务产生的依据

义务的产生依据包括以下情形:

1. 合同;
2. 单方法律行为;
3. 无权代理行为;
4. 没有法律依据占有、使用财产或不当得利;
5. 因违法行为造成损害;
6. 法律规定的其他依据。

第二百七十六条　义务的对象

1. 义务的对象为财产,必须执行或不能执行的特定事项。

---

① 按民法法系的通行理论和法典结构,译成"债与合同"比较符合习惯用法,译者也曾试图这样处理。但该法典中并没有使用"债"的概念,而是统一使用了义务一词,很难做出"债"与"义务"的区分。为了保留原意,译者将之直译为"义务与合同"。——译者

2. 义务的对象必须确定。

第二节 履行义务

第二百七十七条 履行义务的地点

1. 履行义务的地点由各方协商。
2. 没有协商的情况下则履行义务的地点确定如下：
   (1)如果义务的对象是不动产，则履行义务的地点即不动产所在地；
   (2)如果义务的对象不是不动产，则履行义务的地点为权利主体的住所或总部。

   当权利主体更换住所或总部则必须通知义务方，并应支付因更换住所或总部而增加的费用，另有协商的情况除外。

第二百七十八条 履行义务的期限

1. 履行义务的期限由各方协商，或依据法律规定或国家相关机关决定。
2. 义务方必须按时履行义务，本法及其他相关法律另有规定的情况除外。

   义务方自行在期限届满前履行义务且权利主体对之予以接受的，则视为按时履行了义务。
3. 无法根据本条第一款规定确认履行义务的期限的，则任何一方都可在任何时候履行或要求履行义务，但是必须在一个合理的时间提前通知对方。

第二百七十九条 履行交付义务

1. 有交付义务方应保管、保护物品直到转交。
2. 当需要交付的物品是特定的物品则义务方必须交付正确的物品且性状与承诺一致；如果是种类物则数量与质量必须与所约

定的一致，如果没有关于质量的约定，则所交付物品必须达到一般质量要求；如果是配套物品则必须交付配套物品。

3. 义务方必须承担与交付相关的一切费用，另有协议的情况除外。

第二百八十条 履行金钱支付义务

1. 金钱支付义务必须根据协议按时、按地、以正确的方式完整地履行。
2. 金钱支付义务包括支付本金利息，另有协议的情况除外。

第二百八十一条 必须执行或不可执行某事项的义务

1. 必须执行某事项的义务是指义务方必须正确执行此事项的义务。
2. 不得执行某事项的义务即义务方不得执行此事项的义务。

第二百八十二条 定期履行义务

根据协议或依据法律规定或权力机关的决定定期履行义务。

延迟分期履行义务也视为延迟履行义务。

第二百八十三条 通过第三方履行义务

当获得权利主体同意，义务方可以委托第三方代替自己履行义务，但如果第三方不履行或不正确履行义务的，仍必须向权利主体承担责任。

第二百八十四条 履行有条件的义务

1. 关于履行义务的条件，各方有协商或法律有规定的情况下则当条件发生时，义务方必须履行。
2. 条件没有发生或因一方影响而发生的情况下则适用本法律第一百二十条第二款的规定。

第二百八十五条 随意选择对象履行义务

1. 随意选择对象履行义务是指义务对象为多种不同财产或事项

之一，且义务方可以随意选择，另有协议或法律有规定选择权归权利主体的情况除外。

2. 义务方应通知权利主体用于履行义务所选择的财产或事项。权利主体已经确定所选择义务的履行期限的，则义务方必须按时完成。

3. 只剩一种财产或一项事务的情况下，则义务方必须履行此财产或执行这一事项。

第二百八十六条　履行可替换的义务

履行可替换的义务是指义务方无法履行初始的义务则可以履行另一项已经获得权利主体接受的义务以代替这项义务。

第二百八十七条　履行单独的义务

多人同时履行一项义务，但每个人有一份特定的单独的义务且每个人只需履行自己部分的义务。

第二百八十八条　履行连带义务

1. 连带义务即由多人必须共同履行的义务，且权利主体可以要求这些人中的任何人必须履行全部义务。

2. 一人已经履行完全部义务的情况下，则有权利要求其他有连带义务的人必须履行各自的部分连带义务。

3. 权利主体已经指定有连带义务的这些人其中一人履行全部义务，但随后又免去此人义务的情况下，则其余人也可免去义务。

4. 权利主体只免除有连带义务的这些人其中一人自己部分的义务的情况下，则剩余的其他人仍应连带履行他们的部分义务。

第二百八十九条　针对有连带权的多人履行义务

1. 针对有连带权的多人履行义务，据此有权利人中任何一个都可以要求义务方履行全部义务。

2. 义务方可以向有连带权的这些人当中任何一个履行自己的

义务。

3. 有连带权的这些人其中一人免除义务方对于自己的部分义务的情况下，则义务方仍需履行剩余的针对其他有连带权人的义务。

第二百九十条　履行可划分的义务

1. 可划分的义务即义务对象可以分成多个部分来履行的义务。

2. 义务方可以逐份履行义务，另有协议的情况除外。

第二百九十一条　履行无法划分的义务

1. 无法按部分划分的义务是指义务对象必须同时履行的义务。

2. 多人必须共同履行无法按部分划分的义务的情况下，则他们必须同时履行义务。

第三节　履行义务的担保

第一小节　一般规定

第二百九十二条　履行义务的担保措施

履行义务的各项担保措施包括：

1. 财产质押；
2. 财产抵押；
3. 定金；
4. 押金；
5. 保证金；
6. 保留所有权；
7. 保证；
8. 信用担保；
9. 财产留置。

第二百九十三条　获得担保的义务范围

1. 根据协议或依照法律规定，义务可获得部分或全部担保；如果没有协议或法律没有规定担保范围则视为义务获得全部担保，包括支付利息、罚款以及赔偿损失。
2. 被担保的义务可以是当前义务，未来义务或有条件的义务。
3. 担保未来义务的情况下则在担保期限内形成的义务即为被担保的义务，另有协议的情况除外。

第二百九十四条　担保履行未来的义务

1. 担保履行未来义务的情况下，各方可以具体协商关于被担保的义务范围以及履行被担保义务的期限，法律另有规定的情况除外。
2. 当未来的义务形成时，各方无需再次确认对于这项义务的担保措施。

第二百九十五条　担保财产

1. 担保财产的所有权必须属于担保人，但财产留置、保留所有权除外。
2. 担保财产可以进行一般描述，但必须可以确定。
3. 担保财产可以是现有财产或是未来形成的财产。
4. 担保财产的价值可以大于、等于或小于被担保义务的价值。

第二百九十六条　一项财产用于担保履行多项义务

1. 如果一项财产的价值在确定担保交易时大于被担保的各项义务的价值，则一项财产可用以担保履行多项义务，另有协议或法律另有规定的情况除外。
2. 一项财产被用于担保履行多项义务的情况下，则担保人必须告知担保权人关于担保财产正被用于担保履行其他义务的相关事宜。每次担保都必须成立书面文本。

3. 必须处分财产以履行一项到期义务的情况下，则其他义务虽未到期但都被视为到期且各方共同担保权人都可以参加处分财产。如果各方共同担保权人没有其他协议，担保权人已经告知关于处分财产的事宜则有责任处分财产。

各方想继续履行未到期的各项义务的情况下，则可以协议由担保人用其他财产来担保履行未到期的义务。

第二百九十七条　对抗第三方的效力

1. 自担保措施登记时或担保权人持有或占有担保财产时起，该担保措施发生对抗第三方的效力。
2. 当担保措施发生对抗第三方的效力时，担保权人则可有权追讨担保财产，以及根据本法第三百零八条和其他相关法律的规定获得清算受偿权。

第二百九十八条　担保措施登记

1. 担保措施可根据协议或依照法律规定进行登记。

   只有在法律规定的情况下，登记才是担保行为的生效要件。
2. 在对担保措施进行了登记的情况下，则自登记时起担保措施发生对抗第三方的效力。
3. 担保措施的登记根据担保措施登记法的规定执行。

第二百九十九条　处分担保财产的各种情况

1. 到期履行被担保义务而义务方不履行或不正确履行。
2. 因违反协议或法律规定的义务，义务方必须于到期前履行被担保义务。
3. 由各方协商或依照法律规定的其他情况。

第三百条　通知关于担保财产的处分事宜

1. 处分担保财产前，担保权人必须在一个合理的期限内以书面文本的形式通知担保人及其他共同担保权人关于担保财产的处分事宜。

对于存在被损坏导致贬值甚至失去全部价值危险的担保财产，担保权人有权立即处分，同时必须通知担保人及其他共同担保权人关于这个财产的处分事宜。

2. 担保权人没有根据本条第一款的规定通知关于担保财产的处分事宜而造成损害的情况下，则必须向担保人及其他共同担保权人作出赔偿。

第三百零一条　交出财产以作处分

当出现本法律第二百九十九条中规定的各种情况之一，正持有担保财产的人有义务将担保财产交给担保权人以作处分。

正在持有担保财产人不交出财产的情况下，则担保权人有权要求法院解决，相关法律另有规定的情况除外。

第三百零二条　取回担保财产的权利

处分担保财产前担保人如已经完全履行自己对于担保权人的义务，且支付了因延迟履行义务产生的一切费用，则有权利取回担保财产，法律另有规定的情况除外。

第三百零三条　质押、抵押财产的处分方式

1. 担保人和担保权人有权利协商下列质押、抵押财产的处分方式之一：

(1)拍卖财产；

(2)担保权人自行出售财产；

(3)担保权人取得担保财产作为担保人履行其担保义务；

(4)其他方式。

2. 没有按本条第一款规定对担保财产的处分方式进行协商的，则采取拍卖财产的方式，法律另有规定的情况除外。

第三百零四条　出售质押、抵押财产

1. 质押、抵押财产的拍卖根据财产拍卖法的规定进行。
2. 担保权人自行出售财产根据本法律关于出售财产的规定以及下列规定进行：
   (1)从处分财产获得的钱款中受偿应根据本法律第三百零七条的规定进行；
   (2)财产出售完成后，财产所有权人及有权处分财产人必须依照法律规定的各项手续转让财产所有权给财产购买人。

第三百零五条　取得担保财产作为担保人履行其担保义务

1. 如果有协议，当担保行为确定，担保权人有权取得担保财产作为担保人履行担保义务。
2. 没有根据本条第一款规定的协议的情况下，则担保权人只有在担保人有书面文本同意时才可以取得担保财产作为担保人履行担保义务。
3. 担保财产的价值大于被担保的义务的价值的情况下，则担保权人必须向担保人支付差价；担保财产的价值小于被担保的义务的价值的情况下，则未结算的义务变成没有担保的义务。
4. 担保人有义务依照法律规定办理转让财产所有权给担保权人的各项手续。

第三百零六条　担保财产的价值评估

1. 当处分担保财产时，担保人和担保权人可以对担保财产的价值进行协商或通过财产评估机构进行价值评估。如果没有协商则财产须通过评估机构进行价值评估。
2. 担保财产的价值评估必须确保客观，符合市场价。
3. 如果有违法行为而造成担保人、担保权人在担保财产的价值评估过程中的损失，评估机构必须赔偿损失。

第三百零七条　从处分质押、抵押财产获得的钱款中受偿

1. 支付质押、抵押财产的保管、扣押及处分费用后，根据本法律第三百零八条规定的优先次序从处分质押、抵押财产获得的钱款中受偿。

2. 处分质押、抵押财产获得的钱款在支付质押、抵押财产的保管、扣押及处分费用后大于被担保义务价值的情况下，则差价必须退还担保人。

3. 处分质押、抵押财产获得的钱款在支付质押、抵押财产的保管、扣押及处分费用后小于被担保义务价值的情况下，则未能履行部分的义务为无担保义务，但各方协商提供补充担保财产的情况除外。担保权人有权利要求有被担保义务方继续履行未受偿部分的义务。

第三百零八条　各方担保权人之间的受偿优先次序

1. 当一项财产被用于担保履行多项义务时，则各方共同担保权人之间的结算优先次序确定如下：

(1)各担保措施都具有对抗第三方效力的情况下，则受偿次序按照确立对抗第三方效力的先后顺序来确定；

(2)一些担保措施具有对抗第三方的效力，一些担保措施不具有对抗第三方效力的情况下，则具有对抗第三方效力的担保措施有优先受偿权；

(3)各种担保措施都没有发生对抗第三方效力的情况下，则根据担保措施确立的顺序来确定。

2. 如果各方共同担保权人达成协议互相改变受偿优先次序，则本条第一款规定的受偿优先次序可以进行改变。优先受偿代位方只有在自己代位的担保范围内获得优先受偿权。

第二小节 财产质押

第三百零九条 财产质押

财产质押即一方（以下称为质押人）将自己享有所有权的财产交给对方（以下称为质押权人）用以担保履行义务。

第三百一十条 质押财产的效力

1. 财产质押合同自签订时起生效，另有协议或法律另有规定的情况除外。
2. 质押财产自质押权人持有质押财产时起具有对抗第三方的效力。

   依照法律规定将不动产作为质押对象的情况下，则自质押登记时起有对抗第三方的效力。

第三百一十一条 质押人的义务

1. 依照协议将质押财产交付质押权人。
2. 如有第三方对于质押财产享有权利的情形，质押人应如实告知质押权人；如果没有告知的，则质押权人有权撤销财产质押合同并要求赔偿损失，或继续维持合同并接受第三方对于财产的权利。
3. 向质押权人支付用于保管质押财产的合理费用，另有协议的情况除外。

第三百一十二条 质押人的权利

1. 如果使用质押财产而潜在失去价值或贬值的危机，要求质押权人停止在本法律第三百一十四条第三款规定的情况下使用质押财产。
2. 如果通过质押担保履行的义务终止，要求质押权人归还质押财产及相关文书。

3. 要求质押权人赔偿对质押财产所造成的损失。

4. 如果获得质押权人同意，或法律有明确规定的，可出售、更换、交换、赠送质押财产。

第三百一十三条　质押权人的义务

1. 保管、保护质押财产；如果丢失、遗失或损坏质押财产则必须赔偿给质押人。

2. 不得出售、交换、赠送、使用质押财产用以担保履行其他义务。

3. 不得出租、出借、开发质押财产功能从中获取收益，另有协议的情况除外。

4. 如果通过质押来担保履行的义务终止或以其他担保措施替代时，归还质押财产以及相关文书。

第三百一十四条　质押权人的权利

1. 要求正在违法占有、使用质押财产的人归还财产。

2. 按照协议或依照法律规定的方式处分质押财产。

3. 如有协议约定，可出租、出借、开发质押财产功能并从中获取收益。

4. 归还质押财产给质押人时可获得保管质押财产的合理费用。

第三百一十五条　终止财产质押

有下列情况的，终止财产质押：

1. 通过质押来担保履行的义务终止；

2. 财产质押被撤销或以其他担保措施代替；

3. 质押财产已被处分；

4. 根据各方的协议。

第三百一十六条　归还质押财产

根据本法律第三百一十五条第一款和第二款的规定或各方的协议终止财产质押时，则质押财产、与质押财产相关的文书要归还给质押人。从质押财产中获得的收益、收入也应归还给质押人，另有协议的情况除外。

第三小节 财产抵押

第三百一十七条 财产抵押

1. 财产抵押即一方(以下称为抵押人)将属于自己享有所有权的财产用以担保履行义务,但无需将财产交给对方(以下称为抵押权人)的担保行为。
2. 抵押财产由抵押人持有。各方可以协议由第三方保管抵押财产。

第三百一十八条 抵押财产

1. 抵押全部不动产、动产且有附属物的,则不动产、动产的附属物也属于抵押财产,另有协议的情况除外。
2. 抵押部分不动产、动产且有附属物的,则与抵押财产相连的附属物也属于抵押财产,另有协议的情况除外。
3. 抵押土地使用权而与土地相连的财产为抵押人所有的情况下，则与土地相连的财产也属于抵押财产,另有协议的情况除外。
4. 抵押财产有保险的,则抵押权人必须告知保险机构保险财产正被用于抵押。当发生保险事故,保险机构只直接向抵押权人支付保险金。

   抵押权人不告知保险机构关于保险财产正被用于抵押事宜的，保险机构则只根据保险合同支付保险金,但抵押人要向抵押权人履行支付义务。

第三百一十九条 财产抵押的效力

1. 财产抵押合同自签订时起生效,另有协议或法律另有规定的情况除外。

2. 抵押财产自登记时起发生对抗第三方的效力。

第三百二十条 抵押人的义务

1. 各方有协议的情况下，提交与抵押财产相关的文件，法律另有规定的情况除外。
2. 保管、保护抵押财产。
3. 采用一切必要措施避免抵押财产贬值或失去价值，如果开发利用抵押财产功能时存在使其失去价值或贬值危险的，也包括停止开发抵押财产功能。
4. 当抵押财产在合理的时间内被损坏，则抵押人必须进行维修或替换其他价值相当的财产，另有协议的情况除外。
5. 提供抵押财产状态信息给抵押权人。
6. 当出现属于本法律第二百九十九条规定的各种处分担保财产的情况之一，交抵押财产给抵押权人进行处分。
7. 如果第三方对于抵押财产享有权利的，须告知抵押权人；如果没有告知的，则抵押权人有权撤销抵押财产合同并要求赔偿损失，或继续维持合同并接受第三方对于抵押财产的权利。
8. 不得出售、替换、交换、赠送抵押财产，但本法律第三百二十一条第四款和第五款规定的情况除外。

第三百二十一条 抵押人的权利

1. 开发利用抵押财产功能，从中获取孳息、收益，但根据抵押协议约定孳息、收益属于抵押财产的情况除外。
2. 投资以增加抵押财产的价值。
3. 当以抵押作为担保的义务终止或更换其他担保措施时，取回由第三方持有的抵押财产以及由抵押权人持有的与抵押财产相关的一切文书。
4. 如果抵押财产为生产、经营过程中的周转货物，则该抵押财产可出售、替换、交换。这种情况下，要求买方结算货款权，已收款及通过已收款形成的财产，替换或交换的财产等都作为抵押财产。

抵押财产为库存货物的情况下则抵押人有权替换库存货物，但是必须保证库存货物的价值与协商一致。

5. 如果获得抵押权人的同意或根据法律规定，在生产、经营过程中，可出售、替换、交换不是周转货物的抵押财产。

6. 可出租、出借抵押财产，但是必须告知承租、承借方所出租、出借的财产正被用于抵押且必须告知抵押权人。

第三百二十二条　抵押权人的义务

1. 对于各方协议由抵押权人保存与抵押财产相关的文书的情况，在抵押终止后归还相关文书给抵押人。

2. 按照法律的规定办理抵押财产处分手续。

第三百二十三条　抵押权人的权利

1. 直接审查、检查抵押财产，但是不得妨碍或给抵押财产的形成、使用、开发利用工作制造困难。

2. 要求抵押人必须提供抵押财产的状态信息。

3. 因开发、使用抵押财产使抵押财产存在失去价值或贬值潜在危险的，要求抵押人采用一切必要措施以维护抵押财产和财产价值。

4. 依照法律规定进行抵押登记。

5. 当抵押人不履行或不正确履行义务时，要求抵押人或持有抵押财产的第三方移交财产给自己进行处分。

6. 各方有协议的情况下持有一切与抵押财产相关的文件，法律另有规定的情况除外。

7. 当出现本法律第二百九十九条规定的情况则可处分抵押

财产。

第三百二十四条 持有抵押财产的第三方的权利和义务

1. 持有抵押财产的第三方拥有下列权利：

(1)如有协议,可开发使用抵押财产；

(2)可获得保管、保护抵押财产的报酬、费用,另有协议的情况除外。

2. 持有抵押财产的第三方具有下列义务：

(1)保管、保护抵押财产;如果丢失抵押财产,使抵押财产失去价值或贬值则必须赔偿；

(2)如果继续开发使用抵押财产有使抵押财产失去价值或贬值的危险,则不得继续开发使用；

(3)按照协议或法律规定归还抵押财产给抵押权人或抵押人。

第三百二十五条 抵押土地使用权而没抵押土地附属资产

1. 抵押土地使用权而没抵押土地附属资产,且土地使用者同时又是土地附属资产的所有者的,则被处分的财产包括土地附属资产,除非另有约定。

2. 抵押土地使用权而土地使用者不是土地附属资产的所有者,则在处分土地使用权时,土地附属资产所有者在自己的权限、义务范围内可以继续使用土地;在与土地附属资产所有者的关系中,抵押人的权利和义务被转交给土地使用抵押权人,除非另有约定。

第三百二十六条 抵押土地附属资产而没抵押土地使用权

1. 抵押土地附属资产而没抵押土地使用权,且土地附属资产所有者同时又是土地使用者的情况下,则被处分的财产包括土地使用权,除非另有约定。

2. 只抵押土地附属资产而没抵押土地使用权,且土地附属资产所有者不是土地使用者的情况下，则处分土地附属资产时，土地附属资产抵押权人可以在土地附属资产所有者转让的权限和义务范围内继续使用土地，除非另有约定。

第三百二十七条　终止财产抵押

下列情况可以终止财产抵押：

1. 抵押担保义务终止；
2. 财产抵押被撤销或更改担保方式；
3. 抵押财产已经被处分；
4. 各方协议。

第四小节　定金、保证金、押金

第三百二十八条　定金

1. 定金即在某一期限内一方（以下称为给付定金方）交给另一方（以下称为接受定金方）一笔钱或贵重金属、宝石或其他贵重物品（以下统称为定金财产），以确保合同的订立或履行。
2. 合同得以订立、履行的情况下，则定金财产归还给给付定金方或被扣除以履行付款义务；如果给付定金方拒绝订立、履行合同，则定金财产属于接受定金方；如果接受定金方拒绝订立、履行合同，则应归还定金财产给给付定金方以及与定金财产同等价值的一笔钱，除非另有约定。

第三百二十九条　押金

1. 押金即在某一期限内动产承租方交给出租方一笔钱或贵重金属、宝石或其他贵重物品（以下统称为押金财产）以确保承租财产的归还。
2. 承租财产被归还的情况下，则承租方在支付租金后可取回押金财产；如果承租方不归还承租财产，则出租方有权利取回财产；

如果承租的财产不复存在无法归还，则押金财产归出租方所有。

第三百三十条　保证金

1. 保证金即义务方将一笔钱或贵重金属、宝石或其有价证券寄存入信用机构的封闭账户以确保义务的履行。
2. 义务方不履行义务或不正确履行义务的情况下，则权利主体可获得接受保证金的信用机构除去服务费用后结算、赔偿由义务方所造成的损失。
3. 寄存和结算手续依照法律规定执行。

第五小节　保留所有权

第三百三十一条　保留所有权

1. 在财产买卖合同中，卖方可以保留财物所有权直到买方支付价款义务完成。
2. 保留所有权可以单独成立一个书面文本或写入财产买卖合同的条款中。
3. 保留所有权自登记之日起发生对抗第三方的效力。

第三百三十二条　追回财物权

买方未按协议约定向卖方完成结算义务的情况下，则卖方有权追回财物。卖方退还买方已结算且除去财物折旧费用的金额。买方遗失、损坏财物的情况下则卖方有权要求赔偿。

第三百三十三条　买方的权利和义务

1. 保留所有权有效期内使用财物以及享受财物所带来的收益、利润。
2. 保留所有权有效期内承担财物的一切风险，除非另有约定。

第三百三十四条　保留所有权消灭

保留所有权在下列情况中消灭：

1. 给卖方的支付价款义务已经完成；
2. 卖方收回保留所有权财物；
3. 根据各方协商约定。

第六小节　保证

第三百三十五条　保证

1. 保证即第三方（以下称为保证人）向权利方（以下称为受保证人）承诺，如果义务方（以下称为被保证人）已到履行义务期限而不履行或不正确履行义务，将代替被保证人履行义务。
2. 各方可协商保证人只有在被保证人没有能力履行担保义务的情况下，才代替被保证人履行义务。

第三百三十六条　保证范围

1. 保证人可以承诺为被保证人保证部分或全部义务。
2. 保证义务包括原债务及利息、损害赔偿金、滞纳金利息，另有约定除外。
3. 各方可协商以财产担保方式确保履行保证义务。
4. 被保证的义务是未来发生的义务的，则保证范围不包括保证人死亡或保证法人不复存在后发生的义务。

第三百三十七条　报酬

如果保证人与被保证人有协议约定，保证人可获得报酬。

第三百三十八条　多人保证

当多人共同保证某一项义务时，那么必须共同连带承担保证责任，除非另有协商或法律有规定按各自独立部分保证；受保证人可以要求这些连带保证人中任何一个履行全部义务。

当这些连带保证人其中之一已经替被保证人履行全部义务时，则有权要求剩下的保证人履行自己相应的义务。

第三百三十九条 保证人与受保证人之间的关系

1. 被保证人不履行或不正确履行自己的义务的情况下，那么受保证人有权要求保证人必须履行保证义务，除非另有协议约定保证人只有在被保证人没有能力履行保证义务的情况下，才代替被保证人履行义务。
2. 尚未到义务履行期限的，受保证人不得要求保证人替被保证人履行义务。
3. 受保证人可以抵消被保证人的义务时，保证人无需履行保证义务。

第三百四十条 保证人的请求权

保证人有权在已设定保证的事项范围内要求被保证人履行自己相应的义务，除非另有约定。

第三百四十一条 保证义务的免除

1. 保证人必须履行义务但受保证人豁免保证人履行义务的，则被保证人无需向受保证人履行义务，除非另有约定或法律另有规定。
2. 多个连带保证人中只有一个保证人被免除履行自己的保证义务的，则其他保证人仍需履行他们的保证义务。
3. 受保证人中的一个受保证人免除保证人履行自己部分义务的，则保证人仍需履行剩下的其他连带受保证人的义务。

第三百四十二条 保证人的民事责任

1. 被保证人不履行或不正确履行义务的情况下，则保证人应履行此义务。
2. 保证人不正确履行保证义务的情况下，则受保证人有权要求保证人支付违约金并赔偿损失。

第三百四十三条　终止保证

保证在下列情况中被终止：

1. 被保证的义务终止；
2. 保证被撤销或替换成其他担保措施；
3. 保证人已经履行保证义务；
4. 根据各方协议。

第七小节　信用担保

第三百四十四条　政治-社会组织的信用担保

基层的政治-社会组织可以依法为贫困的个人、家庭户提供信用担保，帮助他们在信用机构进行一定金额的贷款用以生产、经营和日常用度。

第三百四十五条　信用担保的方式、内容

有信用担保的贷款必须成立书面文本，且有提供信用担保的政治-社会组织关于贷款方条件、环境的确认。

信用担保的贷款协议必须具体到金额、目的、贷款期限、利息、贷款人、放贷信用机构以及提供信贷担保的政治-社会组织的权利、义务和责任。

第八小节　留置财产

第三百四十六条　留置财产

留置财产即权利方（以下称为留置权人）按照双务合同约定占有义务人的财产，在义务方不履行或不正确履行义务的情况下，有权依照法律规定留置该财产的行为。

第三百四十七条　留置财产的成立

1. 留置财产发生自义务方不履行或不正确履行到期义务时。

2. 自留置权人留置其占有的财产时发生对抗第三方的效力。

第三百四十八条　留置权人的权利

1. 要求义务方必须全面履行双务合同中发生的一切义务。

2. 要求义务方必须支付留置财产的保管、保护费用。

3. 如果义务方同意,可利用留置财产来获取收益、利润。

利用留置财产获得收益、利润价值用以抵消义务方的债务价值。

第三百四十九条　留置权人的义务

1. 保护、保管留置财产。

2. 不能改变留置财产的状况。

3. 如果未获得义务方的同意不得转让、使用留置财产。

4. 义务履行完成后应交还留置财产。

5. 如果遗失或损坏留置财产则应赔偿损失。

第三百五十条　留置权消灭

下列情况中留置权消灭:

1. 实际上留置权人不再占有财产;

2. 各方协商同意使用其他的担保措施代替留置;

3. 义务已经履行完成;

4. 留置财产不复存在;

5. 根据各方协商。

第四节　民事责任

第三百五十一条　违反义务的民事责任

1. 义务方违反了义务则应向权利方承担民事责任。

   违反义务即义务方不按时、不完全或不正确履行义务。

2. 义务方因不可抗力因素无法正确履行义务的情况下,则无须承担民事责任,除非另有约定或法律有其他规定。

3. 如果义务方能证明无法履行义务完全是因为权利方的过错造成的，则无需承担民事责任。

第三百五十二条 继续履行义务的责任

如果义务方没有正确履行自己的义务，那么权利方可以要求义务方继续履行义务。

第三百五十三条 逾期履行义务

1. 逾期履行义务即义务履行期限已到而仍未能履行或只履行了部分义务。
2. 逾期履行义务方必须及时通知权利方关于未能按时履行义务事宜。

第三百五十四条 暂缓履行义务

1. 当无法按时履行义务时则义务方必须及时通知权利方，并提议暂缓履行义务。

   如果没有及时通知权利方的情况下则义务方必须赔偿损失，除非另有约定或由于客观原因无法通知。
2. 如果权利方同意则义务方可以暂缓履行义务。获许暂缓履行义务仍被视为按时履行。

第三百五十五条 延迟接受履行义务

1. 延迟接受履行义务即义务履行期限已到且义务方也已经履行义务，但是权利方不接受这项义务的履行。
2. 延迟接受义务对象是财产的，则义务方可以将财产提存在财产寄存点或采取其他必要措施保管财产，并有权请求权利主体支付合理费用。在提存财产的情况下，义务方必须及时通知权利方。
3. 对于有被损坏风险的财产，义务方有权售卖此财产并应及时通知权利方，扣除保管以及售卖财产的合理费用后，将剩余所得交给权利方。

第三百五十六条　因没有履行交付义务的责任

1. 特定物的交付义务未能履行的情况下，被违反方有权要求违反方提供正确的特定物；如果物品已不复存在或被损坏则必须支付与物品相应价值的金额。
2. 种类物交付义务未能履行的情况下，则被违反方有权要求违反方提供其他种类物；如果没有其他种类物代替则必须支付与物品相应价值的金额。
3. 违反本条第一款和第二款中规定的义务且给被违反方造成了损失的，必须赔偿损失。

第三百五十七条　因逾期履行付款义务的责任

1. 义务方逾期履行付款义务的情况下则应支付相应款项的逾期利息。
2. 因根据各方协商产生的逾期付款利息不能超过本法律第四百六十八条第一款中规定的利息额度；如果没有协商则根据本法律第四百六十八条第二款中的规定执行。

第三百五十八条　因不执行某项工作义务或实施某项不得执行工作的责任

1. 义务方不执行自己应当执行的某项工作的，权利方有权要求义务方继续执行，也可自己执行或交给他人执行并要求义务方支付合理费用，赔偿损失。
2. 当义务方不得实施某项工作但仍然实施时，权利方有权要求义务方终止实施、恢复原始状态并赔偿损失。

第三百五十九条　延迟接受履行义务的责任

权利方延迟接受履行义务而给义务方造成损失的情况下，则必须给义务方赔偿损失，并承担延期时的一切风险、费用，除非另有约定。

第三百六十条 因违反义务造成损失的赔偿责任

因违反义务而造成损失的，义务方必须赔偿所有损失，除非另有约定或法律有其他规定。

第三百六十一条 因违反义务造成的损失

1. 因违反义务造成的损失包括物质损失和精神损失。
2. 物质损失是指可确定的实际物质的损害，包括财产损失，用以阻止、限制、消除损失的合理费用，实际收入失去或减少等。
3. 精神损失是指因侵犯到某个主体的生命、健康、名誉、人格、威信以及其他各项人身利益等造成精神上的损失。

第三百六十二条 阻止、限制损失的义务

权利方应采取必要、合理措施来阻止或限制自己的损失。

第三百六十三条 受害方有过错情况下损失的赔偿

因受害方存在部分过错造成违反义务及损失的情况下，则违反方只需赔偿自己相应过错程度的损失。

第三百六十四条 民事责任中的过错

民事责任中的过错包括故意和过失两种。

故意过错即当一个人清楚意识到自己的行为将会给他人造成损害的情况下，仍然故意或虽无意进行但仍任由损害发生。

过失过错即一个人没有提前意识到自己的行为将有可能造成损害，纵使知道或在损害发生前知道或提前意识到自己的行为有可能造成损害，但轻信损害不会发生或可以阻止。

第五节 转让请求权和转让义务

第三百六十五条 转让请求权

1. 根据协商，拥有要求对方履行义务权的一方可以将此权利转让给代权人，下列场合除外：

(1)要求供养权，要求赔偿因侵犯生命、健康、名誉、人格、威信的损失；

(2)权利方和义务方有协商或法律有规定不得转让的请求权。

2. 当拥有请求权一方将权利转让给代权人，则代权人成为拥有请求权人。请求权的转让无需获得义务方的同意。

3. 转让请求权的人必须以书面文本的形式通知义务方关于转让请求权的事宜，除非另有约定。转让请求权的人未通知义务方关于转让请求权的事宜而产生费用的情况下，转让请求权的人必须支付这项费用。

第三百六十六条　提供信息和转交文件的义务

1. 转让请求权的人必须向代权人提供必要信息，转交相关文件。

2. 转让请求权的人违反本条第一款规定的义务而造成损失的，则应赔偿损失。

第三百六十七条　无需承担转让请求权后的责任

转让请求权后，转让请求权的人无需承担关于义务方履行义务能力的责任。

第三百六十八条　转让有担保履行义务措施的请求权

有担保措施的请求履行义务权在转让的时候包括担保措施一起转让。

第三百六十九条　义务方的拒绝权

1. 义务方没被通知关于转让请求权事宜且代权人没法证明转让请求权的真实性的，则义务方有权拒绝向代权人履行义务。

2. 因未被告知关于请求权转让事宜而义务方已经向转让请求权人履行了义务的情况下，则代权人不得要求义务方向自己履行义务。

第三百七十条　转让义务

1. 如果权利方同意则义务方可以把义务转让给他人代为履行，义务与义务方的人身密切相连或法律明确禁止的情况下不得转让义务。
2. 义务被转让后，代履行义务方成为义务方。

第三百七十一条　转交有担保措施的义务

有担保措施的义务被转交的情况下，则担保措施被终止，除非另有约定。

第六节　终止义务

第三百七十二条　终止义务的根据

下列情况中义务被终止：

1. 义务已经履行完毕；
2. 根据各方协商；
3. 权利方免去义务方履行义务；
4. 义务被其他义务代替；
5. 义务被抵消；
6. 权利方和义务方融为一体；
7. 过了义务时效；
8. 义务方是已死亡的自然人或已不复存在的法人，而义务又必须由这个自然人、法人履行的；
9. 权利方是已死亡的自然人而请求权不是遗产继承权的，或权利方是不复存在的法人而请求权不得转交给其他法人的；
10. 作为义务对象的特定物品不复存在并被其他义务所取代；
11. 由法律规定的其他情况。

第三百七十三条　完成义务

当义务方已经完全履行义务，或虽只履行部分义务，但权利方同意不用履行剩下部分义务的，即为完成义务。

第三百七十四条　权利方延迟接受义务对象的情况下完成义务

当权利方延迟接受义务对象是财产的，则根据本法第三百五十五条第二款的规定，自财产被提存到财产寄存点时起义务履行完成。

第三百七十五条　根据协议终止义务

无论何时各方都可以协商终止义务，但是不得损害国家、民族的利益，公共的利益，他人的合法权益。

第三百七十六条　因被免除履行义务而义务终止

1. 当权利方免除义务方履行义务时，义务终止，法律有其他规定的除外。
2. 当有担保措施的义务被免除履行的，则担保措施也被终止。

第三百七十七条　因被其他义务代替的义务终止

1. 各方协商以其他义务代替初始义务的，则初始义务终止。
2. 如果权利方已经接受其他财产或事项来代替事先约定的财产或事项的，义务也将终止。
3. 义务是供养或因侵犯生命、健康、名誉、威信的损害赔偿以及其他与人身密切相连无法转给他人的义务，则不能以其他义务予以代替。

第三百七十八条　因义务抵消而义务终止

1. 各方彼此有同类型的财产义务的情况下，则共同到期时彼此不履行义务且被视为义务终止，法律另有规定的除外。
2. 彼此的财产或工作价值不相等的情况下则支付对方差价。
3. 可用货币估价的物品也可以用以抵消付款义务。

第三百七十九条　不予以抵消义务的情形

下列情况不予以抵消义务：

1. 有争议的义务；

2. 因侵犯生命、健康、名誉、威信的赔偿义务；

3. 供养义务；

4. 由法律规定的义务。

第三百八十条　因义务方和权利方合体的义务终止

当义务方成为此项义务权利方时则义务终止。

第三百八十一条　因过了义务时效的义务终止

过了义务时效的，义务终止。

第三百八十二条　权利方是已经死亡的自然人或不复存在的法人的义务终止

如果各方约定或法律有规定某项义务只针对作为权利方的自然人或法人履行，那么当自然人死亡或法人不复存在时，义务终止。

第三百八十三条　当特定物品灭失时的义务终止

要交付的物品作为特定物灭失时，交物义务终止。

各方可协商以其他物品代替或赔偿损失。

第三百八十四条　破产情况下的义务终止

破产的情况下则根据破产法规定终止义务。

第七节　合同

第一小节　订立合同

第三百八十五条　合同概念

合同即各方之间关于确立、变更或终止民事权利和义务的协议。

第三百八十六条　要约

1. 要约即当事人一方明确提出订立合同的意思表示，另一方确定接受要约或要约向公众发出的（以下统称为受要约方），要约人须受其提出的意思表示约束。
2. 要约有明确提到答复期限的情况下，如果在等待受要约方答复期间，要约人又与第三方订立合同，导致受要约方未能订立合同并遭受损失的，要约人必须赔偿受要约人的损失。

第三百八十七条　订立合同中的信息

1. 一方存在影响对方接受订立合同事宜的相关情形必须通知对方。
2. 在订立合同过程中一方得知另一方秘密的，有责任保守秘密且不得利用这个秘密来达到自己的目的或其他违法目的。
3. 违反本条第一、二款规定且造成对方损失的，必须予以赔偿。

第三百八十八条　要约生效时间

1. 要约生效时间确定如下：

(1)由要约人设定；

(2)如果要约人没有设定则自受要约方收到要约时起生效，相关法律另有规定的除外。

2. 下列情况视为已收到要约：

(1)如果受要约方是自然人，要约送到其住所；如果受要约方是法人，要约送到其总部；

(2)要约发入受要约方的正式信息系统；

(3)受要约方通过其他方式获知要约。

第三百八十九条　变更、撤回要约

1. 下列情况订立合同要约人可以变更、撤回要约：

(1)受要约方在收到要约前或收到要约的同时收到变更或撤回

要约的通知；

(2)当要约人有明确提出可以更改或撤回要约的情况下，变更或撤回要约的条件产生时。

2. 当要约人变更要约内容则为新要约。

第三百九十条 撤销要约

如果要约人在要约中注明有权撤销要约且受要约方在做出承诺前接到撤销要约的通知，要约人可以撤销要约。

第三百九十一条 终止要约

下列情况要约终止：

1. 受要约方承诺订立合同；
2. 受要约方答复不接受要约；
3. 要约限定的答复期限已到；
4. 当通知变更或撤回要约产生效力时；
5. 当通知撤销要约产生效力时；
6. 在等待受要约方答复期间，要约人与受要约方双方达成终止协议的。

第三百九十二条 由受要约方提出修改要约

当受要约方接受订立合同要约，但是同时提出接受的条件或修改要约内容的，则视为受要约方提出了新的要约。

第三百九十三条 承诺

1. 承诺即受要约方接受要约的全部内容的答复。
2. 受要约方保持沉默不能认为是已经接受了要约，除非已有约定或各方之间已经建立的习惯。

第三百九十四条 承诺期限

1. 当要约人设定了承诺期限时，则只有在此期限内的承诺才有效；如果要约人收到承诺的时候承诺期限已过，则视为延迟承诺方提出新的要约。

当要约人没有设定承诺期限时，则只有在某个合理期限内的承诺才有效。

2. 承诺通知因要约人知道或应该知道的客观原因迟到的情况下，则承诺通知仍然有效，除非要约人立即回应不同意。

3. 当各方直接沟通，包括通过电话或其他通讯方式沟通交流时，则受要约方应直接表示承诺与否，除非各方有关于承诺期限的约定。

第三百九十五条　要约人死亡、失去民事行为能力或成为辨认、控制自身行为有困难的民事行为能力人

受要约方承诺接受订立合同要约后，要约人死亡，失去民事行为能力或成为辨认、控制自身行为有困难的民事行为能力人的情况下，则要约仍具有效力，但订立合同内容与要约人的人身密切相连的情况除外。

第三百九十六条　承诺方死亡、失去民事行为能力或成为辨认、控制自身行为有困难的民事行为能力人

受要约方已经承诺合同但随后死亡、失去民事行为能力或成为辨认、控制自身行为有困难的民事行为能力人的情况下，则其接受合同的承诺仍有效力，但订立合同内容与受要约方的人身密切相连的情况除外。

第三百九十七条　撤回承诺通知

如果关于撤回承诺通知在要约人收到承诺通知前或收到承诺通知的同时到达要约人，受要约方可以撤回承诺的通知。

第三百九十八条　合同内容

1. 合同各方有权利协商合同内容。

2. 合同可以具备下列内容：

(1)合同标的；

(2)数量、质量；

(3)价值、结算方式；

(4)合同履行期限、地点、方式；

(5)各方的权利、义务；

(6)违反合同的责任；

(7)纠纷解决方式。

第三百九十九条　合同订立的地点

合同订立地点由合同各方协商；如果没有协商则合同订立地点即为提出要约的自然人住所或法人总部。

第四百条　订立合同的时间

1. 合同订立的时间即要约人收到承诺通知时。
2. 各方有约定在某个期限内保持沉默即为承诺的情况下，则合同订立时间为该期限的最终时间。
3. 口头合同订立时间即各方对于合同内容协商达成一致的时间。
4. 书面形式的合同订立时间为最后一方签署合同或通过其他书面方式签署的时间。
5. 口头合同随后以书面的形式确立的，合同订立时间也是根据本条第三款来确定。

第四百零一条　合同的效力

1. 依法订立的合同自订立完成后立即生效，另有约定或相关法律有其他规定的情况除外。
2. 自合同生效时起，各方必须按约定履行各自的权利和义务。只有经过各方协商或根据法律规定才可以修改或撤销合同。

第四百零二条　各种主要合同

合同包括下列几种主要合同：

1. 双务合同，即双方都应履行针对彼此义务的合同；
2. 单务合同，即只有一方履行义务的合同；
3. 主合同，即效力不附属于副合同的合同；
4. 副合同，即合同效力附属于主合同的合同；
5. 为第三方利益的合同，即合同各方都必须履行义务且第三方从中获取利益的合同；
6. 有条件的合同，即合同的执行取决于某一特定事件的发生、变更或终止的合同。

第四百零三条　合同附录

1. 合同可以附带合同附录以便规定合同的某些细节条款。合同附录具有合同同等效力，但合同附录的内容不得与合同内容相悖。
2. 合同附录中的某条款内容与合同条款内容相悖的情况下，则此附录条款无效，另有协议的情况除外。各方一致同意接受与合同条款内容相悖的附录条款的，则视为合同中的此条款被修改。

第四百零四条　解释合同

1. 当合同有条款不明确时，则对此条款的解释不仅仅看合同的语言表述，还需考虑各方在合同订立前、合同订立时、合同履行整个过程中体现的意愿。
2. 当合同有条款或语句可根据多种不同意思理解时，则应根据最符合合同目的、性质的意思进行解释。
3. 当合同有难以理解的条款或语句时，则根据合同订立地的习惯进行解释。
4. 合同中的各条款必须联系在一起解释，以便这些条款的意思更符合合同的全部内容。

5. 对于合同中使用的语句与合同各方的共同意思表示有所矛盾的情况下，则以合同各方的共同意思表示进行解释。
6. 起草方把对合同相对方不利的内容列入合同的情况下，那么解释合同的时候应从对合同相对方有利的方向进行解释。

第四百零五条　格式合同

1. 格式合同是指由其中一方根据固定格式提出的一些条款让对方在合理期限内承诺的合同；如果受要约方做出承诺则视为其接受格式合同的全部内容。

   格式合同必须予以公开让受要约方知道或让其知道合同的内容。

   格式合同公开的程序和方式依照法律规定进行。
2. 格式合同有不明确条款的，在解释此条款时由提出格式合同的一方承担不利后果。
3. 如果格式合同中有关于免除格式合同提出方的责任，增加对方责任或消除对方正当权利条款的，那么该条款无效，另有协议的情况除外。

第四百零六条　合同中的一般交易条件

1. 一般交易条件即由要约方向受要约方公布一般应用于合同的一些稳定条款；如果受要约方接受则视为承诺这个条款。
2. 一般交易条件只有在这项交易条件已经被公开让确定交易方知道或应该知道的情况下对确定交易方才有效。

   一般交易条件公开的程序、方式依照法律规定进行。
3. 一般交易条件必须保证各方平等。如果一般交易条件有关于免除提出一般交易条件方的责任，增加对方责任或消除对方正当权利的条款的，那么这项规定无效，另有协议的情况除外。

第四百零七条　无效合同

1. 本法第一百二十三条至第一百三十三条关于无效民事行为的规定都适用于无效合同。
2. 主合同无效时副合同也要被终止，但各方有协议以副合同代替主合同的情况除外。此规定不适用于担保履行义务措施。
3. 副合同的无效不会导致主合同被终止，各方有协议副合同是主合同不可分割的一部分的情况除外。

第四百零八条　因合同标的无法执行而致合同无效

1. 在订立合同时，合同标的无法执行则合同即无效。
2. 在签订合同时一方知道或应当知道合同标的无法执行但是不告知对方，对方因而签订了合同的情况下，则必须赔偿对方损失，对方知道或应当知道合同标的无法执行的情况除外。
3. 本条第一款和第二款的规定也适用于合同中有一部分或多部分标的无法执行但合同剩余部分仍有效的情况。

第二小节　履行合同

第四百零九条　履行单务合同

对于单务合同，义务方应依照协议正确履行义务，只有在经权利方允许的情况下才可提前或延后履行。

第四百一十条　履行双务合同

1. 在双务合同中，当各方已经约定义务履行期限的，则各方都必须在到期时履行各自的义务；不得以对方未向自己履行义务为由暂缓履行，本法第四百一十一条和第四百一十三条中规定的情形除外。
2. 各方没有约定哪方先履行义务的情况下，则各方应同时向对方履行义务；如果无法同时履行义务，则先履行需要花费更多时间的义务。

第四百一十一条　双务合同义务的暂缓履行权

1. 如果对方履行义务能力被严重消减，达到无法按承诺履行到期义务的程度，或无法按承诺提供担保措施履行义务的，那么应先履行义务的一方有暂缓履行其义务的权利。

2. 如果先履行义务方到期仍未履行自己的义务，后履行义务方有暂缓履行到期义务的权利。

第四百一十二条　留置双务合同中的财产

如果义务方不正确履行自己的义务，那么权利方可根据本法第三百四十六条至第三百五十条的规定有权留置义务方财产。

第四百一十三条　因一方过错而无法履行义务

双务合同中，当一方因对方过错而无法履行自己义务的，则有权利要求对方继续履行针对自己的义务或撤销合同并要求对方赔偿损失。

第四百一十四条　无法履行义务但不是因为某一方的过错造成的

双务合同中，如果一方无法履行义务且各方都没有过错的情况下，则无法履行义务方无权要求对方履行针对自己的义务。一方已经履行了部分义务的情况下则有权要求对方履行相应部分的义务。

第四百一十五条　履行涉及第三方利益的合同

执行涉及第三方利益的合同时，第三方有权直接要求义务方履行针对自己的义务；如果合同各方对履行合同有争议，则第三方在争议被解决前没有权利要求履行义务。

权利方也可以要求义务方履行涉及第三方利益的合同。

第四百一十六条　第三方的拒绝权

1. 义务方履行义务前，第三方拒绝自己的利益的情况下则义务方无需再履行义务，但是必须通知权利方且合同视为被撤销，各方应返还彼此交付的财物。

2. 义务方已经履行完义务时，第三方拒绝自己的利益的情况下则义务被视为已经履行完毕，合同权利方需向义务方履行合同中的承诺。这种情况下，如果合同不是为了第三方利益所签，则所产生的利益根据具体情形由合同当事人享有，另有约定的情况除外。

第四百一十七条　不得修改或撤销涉及第三方利益的合同

当第三方同意享受利益，那么即便合同未履行，合同中各方也都不可修改或撤销合同，除非获得第三方的许可。

第四百一十八条　违约处罚约定

1. 违约处罚是指合同中各方之间约定的由违约方应向被违约方支付违约金。
2. 违约处罚力度由各方协商，相关法律有其他规定的情况除外。
3. 对于违约方只需接受违约处罚而不需要赔偿损失，或者是既要接受处罚也须赔偿损失，各方可以进行协商。

   各方只有关于违反处罚的约定，但是没有协商既要接受处罚也需赔偿损失的，则违约方只需接受违约处罚。

第四百一十九条　违约赔偿损失

1. 根据本条第二款、本法第十三条和第三百六十条确定违约赔偿损失。
2. 权利方可以要求违约方按自己将享受到的合同可期待利益进行赔偿损失。权利方还可以要求违约方支付因未完成合同义务而产生的费用，这笔费用与赔偿合同可期待利益的损失不能重复。
3. 根据权利方的要求，法院可以强制违约方赔偿权利方的精神损失。赔偿额度由法院根据案件内容决定。

第四百二十条 情势变更时合同的履行

1. 情势变更应当具备下列各条件：

(1)情势变更是在订立合同后由于客观原因引起的；

(2)订立合同时，各方无法预料到情势变更；

(3)情势变更的程度大，如果各方能事先知道这种变化的话就不会签订该合同，或即便签订合同，内容也会完全不同；

(4)继续履行原合同，不变更合同内容，将给一方造成严重损失；

(5)利益受影响的一方在符合合同性质及能力允许范围内，已经采取了一切必要措施却无法阻止、减少对利益的影响程度。

2. 在情势变更的情况下，利益受影响的一方有权要求对方在合理期限内重新协商合同内容。

3. 各方无法就在合理期限内修改合同内容事宜协商一致的情况下，其中一方可以诉诸法院要求：

(1)在指定时间终止合同；

(2)修订合同以平衡各方的合法权利和利益。

终止合同造成的损失与修订合同产生的费用相比，终止合同造成的损失更大的情况下法院才决定修订合同。

4. 在协商修订、终止合同以及法院解决案件过程中，各方仍需根据合同继续履行各自的义务，另有约定的情况除外。

第三小节 修订、终止合同

第四百二十一条 修订合同

1. 各方可以协商修订合同。

2. 可以根据本法第四百二十条的规定修订合同。

3. 修订合同应遵循原始合同的形式。

第四百二十二条 终止合同

下列情况应终止合同：

1. 合同已经履行完毕；

2. 根据各方的协议终止；

3. 订立合同的自然人已经死亡，订立合同的法人不复存在，而合同必须由此自然人、法人履行；

4. 合同被撤销，被单方终止履行；

5. 因合同标的物不复存在而无法履行合同；

6. 根据本法第四百二十条的规定终止合同；

7. 法律规定的其他情况。

第四百二十三条 撤销合同

1. 在下列情况中，一方有权撤销合同且无需赔偿损失：

(1)各方已经一致约定对方违反合同即是撤销合同的条件；

(2)对方严重违反合同义务；

(3)法律规定的其他情况。

2. 严重违反合同是指一方不正确履行合同义务致使对方无法实现合同目的。

3. 撤销合同方须及时通知对方关于撤销合同事宜，如果不通知对方而造成损失的则应进行赔偿。

第四百二十四条 因延迟履行义务而撤销合同

1. 义务方不正确履行义务而权利方要求其在合理期限内履行义务，但是义务方仍不履行的情况下，那么权利方有权撤销合同。

2. 基于合同的性质或各方当事人意志，如果不在一定期限内执行则无法实现合同目的的，而义务方不能在期限内正确履行义务，那么权利方有权撤销合同且无需遵守本条第一款的规定。

第四百二十五条　因没有能力履行而撤销合同

义务方无法履行自己的部分或全部义务，导致权利方的合同目的无法达到的情况下，权利方可以撤销合同并要求赔偿损失。

第四百二十六条　财产被遗失、损坏的情况下撤销合同

一方遗失、损害作为合同标的物的财产且无法以其他财产归还、填补，或不得以同类产品修补、代替的情况下，对方有权撤销合同。

违反合同一方必须以与被遗失、损害的财产价值同等的金钱进行赔偿，另有协议或根据本法第三百五十一条第二款、第三款和第三百六十三条规定的情况除外。

第四百二十七条　撤销合同的后果

1. 当合同被撤销则合同自订立时起不具效力，各方无需履行合同约定的义务，但关于违约处罚、损失赔偿和纠纷解决的条款除外。
2. 除去履行合同的合理费用和财产保管、发展费用后，各方应彼此归还所收受对方的财物。

   归还即归还原物。无法归还原物的情况下则折现归还。

   各方都有义务归还的情况下则应同一时间进行，另有约定或法律有其他规定的情况除外。
3. 因对方违反义务的行为导致损失的一方有权获得赔偿。
4. 合同解除的后果关系到人身权的，根据本法和其他相关法律规定处理。

   没有本法第四百二十三条、第四百二十四条、第四百二十五条和第四百二十六条规定的各项依据而单方解除合同的情况下，那么解除合同方确定为违约方，按本法、其他相关法律关于不正确履行义务的规定承担民事责任。

第四百二十八条　单方终止履行合同

1. 当对方严重违反合同义务或各方有协议或法律有规定时，另一方有权单方终止履行合同且无需赔偿损失。
2. 单方终止履行合同的一方必须即时通知对方关于终止合同事宜，否则造成的一切损失由其进行赔偿。
3. 当合同被单方终止则合同终止时间从对方收到合同终止通知时起算。各方无需继续履行义务，但关于违约处罚、损失赔偿和纠纷解决的条款除外。已经履行义务的一方有权要求对方支付已履行部分款项。
4. 因对方没有正确履行义务的行为导致损失的一方有权获得赔偿。
5. 没有本条第一款规定的依据而单方终止履行合同的情况下，则单方终止履行合同的一方确定为违约方，按本法、其他相关法律关于不正确履行义务的规定承担民事责任。

第四百二十九条　关于合同的诉讼时效

请求法院解决合同纠纷的诉讼时效是三年，从权利人知道或应当知道自己的合法利益被侵犯时起计算。

第十六章　一些通用合同

第一节　财产买卖合同

第四百三十条　财产买卖合同

财产买卖合同是指各方之间达成的由卖方将财产所有权转移给买方而买方付款给卖方的协议。

住房购买合同、用于其他使用目的的房屋购买合同根据本法、《住房法》以及其他相关法律的规定执行。

第四百三十一条 买卖合同的标的物

1. 本法所规定的财产都可以作为买卖合同的标的物。依照法律规定，财产被禁止或被限制转让的情况下，则作为买卖合同标的物的财产必须符合相关规定。
2. 出售的财产属卖方所有或卖方有权出售。

第四百三十二条 交易财产的质量

1. 交易财产的质量由各方协商。
2. 关于财产的标准和质量已经被国家相关机关公布或规定的，则各方协商确定的财产质量标准不得低于根据国家相关机关公布或规定的标准。
3. 当各方对于交易财产质量没有协商或协商不明确时，那么交易财产的质量按照国家相关机关公布或规定的标准或行业标准来确定。

   关于财产质量的标准，在没有国家机关公布或规定标准以及行业标准的情况下，则交易财产的质量根据通用标准或《消费者权利保护法》的规定来确定。

第四百三十三条 价格和结算方式

1. 价格、结算方式由各方协商或由第三方根据各方要求予以确定。法律规定必须根据国家相关机关规定来确定价格、结算方式的情况下，那么各方的协议价格、结算方式必须符合这项规定。
2. 当各方对于价格、结算方式没有协商或协商不明确时，则价格根据市场价来确定，结算方式则按照当地习惯以及合同订立时间来确定。

第四百三十四条　买卖合同履行期限

1. 买卖合同履行的期限由各方进行协商。卖方应在约定好的期限内准时将财产交给买方；只有在获得买方的同意后卖方才能提前或延迟交货。
2. 当各方没有协商财产交接期限时，则买方有权在任何时候要求卖方交付财产，卖方也有权在任何时候让买方接收财产，但是必须提前通知一个合理的时间。
3. 买方按照双方协商好的时间结算合同。如果合同不确定或不明确结算时间的，则买方在接收到购买的财产时或财产所有权证明时立即结算。

第四百三十五条　财产交接地点

财产交接地点由各方进行协商；如果没有达成协议则适用本法第二百七十七条第二款的规定。

第四百三十六条　财产交接方式

1. 财产交接根据各方协商的方式进行；如果没有协商则财产由卖方一次性直接交给买方。
2. 根据协商卖方应将财产分成多次交给买方，而卖方有一次没有正确履行义务的，则买方可以撤销相关未正确履行义务部分的合同并要求赔偿损失。

第四百三十七条　因所交付财产数量不正确的责任

1. 卖方所交付财产多于约定数量的，则买方有权决定接受或不接受多余的部分；如果接受则应按合同协商的价格结算多余的部分，另有约定除外。
2. 卖方所交付财产少于约定数量的，则买方可以选择行使下列其中一项权利：

(1)接受已交付部分并规定期限让卖方交完剩余部分；

(2)接受已交付部分并要求赔偿损失；

(3)如果因卖方违反义务致使买方无法达到合同目的，则可解除合同并要求赔偿损失。

第四百三十八条 因交付标的物部件不同步的责任

1. 所交付物品部件不同步导致标的物无法达到使用目的的，则买方可以选择行使下列其中一项权利：

(1)接受并要求卖方继续交付所缺部件或装置，要求对方赔偿损失，并延迟支付已收到部件或装置货款，直到标的物所有部件或装置同步交完；

(2)解除合同并要求赔偿损失。

2. 买方已付款且不接受卖方未同步交付的物品的，则可根据各方商定的利率计算已支付金额的利息，但不得超过本法第四百六十八条第一款中规定的利率；如果合同双方没有协商则根据本法第四百六十八条第二款规定执行，并要求卖方赔偿因交物不同步造成的损失，相关损失从必须履行合同的时间起算，直到物品所有部件或装置同步交完。

第四百三十九条 所交付财产种类不符的责任

所交付财产种类不符的，买方可以选择行使下列其中一项权利：

1. 接受并根据商定好的价格结算；
2. 要求交种类相符的财产并赔偿损失；
3. 如果因所交财产种类不符致使买方无法达到合同目的，则可解除合同并要求赔偿损失。

需交付的财产包含多种类而卖方交错一个种类或其中一些种类的，则买方可以解除相关部分合同并要求赔偿损失。

第四百四十条 付款义务

1. 买方有根据合同规定的期限、地点和金额付款的义务。

2. 各方只商定财产交接期限的，则付款期限相应为财产交接期限。如果各方没有商定财产交接期限和付款期限的，则买方在接收财产时进行付款。

3. 买方不正确履行付款义务的，则须根据本法第三百五十七条的规定支付逾期付款金额的利息。

第四百四十一条　承担风险时间

1. 财产在交给买方前的一切风险由卖方承担，从收到财产时起财产的一切风险由买方承担，另有约定或法律有其他规定的情况除外。

2. 对于法律规定需登记所有权的财产的买卖合同，卖方承担一切风险直到登记手续完成，买方从登记手续完成时起开始承担风险，另有约定的情况除外。

第四百四十二条　运输费用和所有权转让相关费用

1. 运输费用和所有权转让相关费用由各方协商，法律有其他规定的情况除外。

2. 各方没有协商或协商不明确的情况下，则运输费用和所有权转让的相关费用根据国家相关机关公布、规定或行业的费用标准来确定。

3. 如果没有本条第一款和第二款中规定的确定依据，运输费用和所有权转让的相关费用则按照符合合同目的的通用标准或个别标准来确定。

4. 各方没有协商且法律没有规定运输费用和所有权转让的相关费用的，则由卖方承担财产到达交接地点的运输费用和转让所有权的相关费用。

第四百四十三条　提供信息和使用说明的义务

卖方有义务向买方提供交易财产的必要信息和此财产的使用说

明;如果卖方不履行这项义务,则买方有权要求卖方在合理期限内必须履行此项义务;如果卖方仍未履行致使买方无法达到合同目的,则买方有权解除合同并要求赔偿损失。

第四百四十四条 保障买方对于交易财产的所有权

1. 卖方有义务保障买方对于财产的所有权不与第三方发生纠纷。
2. 财产与第三方发生纠纷的情况下,则卖方应与买方一起保护买方的权利;如果第三方拥有部分或全部财产的所有权,则买方有权解除合同并要求卖方赔偿损失。
3. 买方知道或应当知道所交易财产的所有权归第三方所有仍坚持购买的,则必须将财产归还所有者且无权要求赔偿损失。

第四百四十五条 保证交易物品的质量

1. 卖方必须保证交易物品的使用价值和特性;如果在购买之后买方发现所购买物品有缺陷致使使用价值丧失或减少,那么必须在发现缺陷时即时通知卖方并有权要求卖方进行修理、更换有缺陷物品、降价和赔偿损失,另有协商的情况除外。
2. 卖方必须保证所卖物品与产品包装上的描述、产品品牌或买方所选样品一致。
3. 下列情况中卖方无需为产品的缺陷负责:

(1)买方购买前就已经知道或应当知道的缺陷;

(2)拍卖产品,二手店售卖的产品;

(3)买方造成的产品缺陷。

第四百四十六条 保修义务

如果保修事宜由各方协商或法律有规定,在某一期限内,卖方有义务对所卖产品进行保修,即保修期。

保修期从买方有义务接收产品时起计算。

第四百四十七条　要求保修的权利

在保修期内，如果买方发现所购买产品的缺陷则有权要求卖方进行维修，并无需支付费用，或作降价、更换产品或退货处理。

第四百四十八条　保修期内产品的维修

1. 卖方必须维修产品并保证产品达到质量标准或具备所承诺的特性。
2. 卖方承担所有维修费用和产品运输到达维修地点以及自维修地点送回住所或住所的运输费用。
3. 买方有权利要求卖方在各方商定的期限内或合理时间内完成维修工作；如果在期限内卖方无法维修或无法完成维修工作，则买方有权利要求降价、更换缺陷产品或退货。

第四百四十九条　保修期内赔偿损失

1. 除了要求采用各种措施进行保修，买方还有权利要求卖方赔偿保修期内因产品技术缺陷造成的损失。
2. 如果能证明是因为买方过错而造成损失的，卖方无需赔偿损失。如果买方没有采取有可能阻止、限制损害的各项必要措施，则卖方可以减少赔偿损失额度。

第四百五十条　买卖财产权

1. 财产权买卖中，卖方必须向买方转交所有权证明以及办理转让所有权的手续，买方必须支付转让款给卖方。
2. 财产权是债权且卖方承诺保证债务人偿还能力的情况下，如果债务人到期仍不偿还的，则卖方需承担偿还的连带责任。
3. 依据法律规定，买方收到财产权的权属证明时间或所有权转让登记时间为财产权的权属转让时间。

第四百五十一条　拍卖财产

根据财产所有者的意愿或法律的规定可将财产进行拍卖。共同所有的财产进行拍卖时必须征得全部所有者的同意，另有协商或法律有其他规定的情况除外。

拍卖财产必须保证客观、公开、透明的原则，保障参加拍卖各方的合法权益，并依据财产拍卖法的规定进行拍卖。

第四百五十二条 试用后购买

1. 各方可以约定买方在一段时间内试用所购买产品，这段时间被称为试用期。在试用期限内，买方可以答复买或不买；如果试用期限已过而买方未答复，则视为买方同意按照接收试用产品前所协商一致的条件购买。

   关于试用期各方没有协商或协商不明确的情况下，则这个试用期按照同类交易对象的习惯来确定。

2. 在试用期内，产品所有权仍归卖方所有。卖方需承担产品发生的一切风险，另有协商的情况除外。在试用期限内，买方未答复前，卖方不得将产品进行出售、赠送、出租、交换、抵押、典当。

3. 试用方答复不购买的情况下则必须将产品归还卖方，如果遗失、损坏试用产品必须赔偿卖方的损失。试用方无需承担因试用过程中产生的正常损耗的责任，且无需偿还由试用带来的收益。

第四百五十三条 延期、分期付款购买

1. 各方可进行协商关于买方收到所购买财产后一段时间内延期或分期付款的事宜。卖方可以保留所出售财产的所有权直到买方付清欠款，另有协商的情况除外。

2. 延期、分期付款购买合同应当以书面形式订立。买方可以使用延期、分期付款购买的财产并承担财产使用期间的一切风险，另有协商的情况除外。

第四百五十四条 赎回已经出售的财产

1. 卖方可以与买方协商关于财产出售一段时间后赎回的权利，即称为赎回期。

   财产赎回期限由各方协商约定；各方没有协商的情况下，则动产的赎回期限不得超过一年，不动产的赎回期限不得超过五年，自财产交接时起计算，相关法律有其他规定的情况除外。在这个期限内，任何时候卖方都有权利赎回财产，但是必须在合理的时间内告知买方。赎回价格为赎回时当地的市场价格，另有协商的情况除外。

2. 在赎回期内，买方不得转让财产所有权给其他主体并承担财产的一切风险，另有协商的情况除外。

第二节 财产交换合同

第四百五十五条 财产交换合同

1. 财产交换合同即各方之间达成的互相交换财产及转让财产所有权的协议。
2. 财产交换合同应当以书面形式订立，如果法律有规定的还需有公证、认证或登记。
3. 一方交给对方所有权不属于自己或未获得所有者授权的财产的，则对方有权解除合同并要求赔偿损失。
4. 每一方都被视为将财产交付给对方的卖方以及接收财产的买方。本法第四百三十条至第四百三十九条，第四百四十一条至第四百四十九条以及第四百五十四条关于买卖合同的各项规定也适用于财产交换合同。

第四百五十六条 支付差价

交换的财产存在价值差别的，则各方必须互相支付差价，另有协商或法律有规定的情况除外。

第三节 财产赠与合同

第四百五十七条 财产赠与合同

财产赠与合同即各方之间约定由赠与者将自己的财产赠与给受赠者，无偿转让所有权，且受赠者同意接受的协议。

第四百五十八条 赠与动产

1. 动产赠与合同自受赠人收到财产时起生效，另有约定的情况除外。
2. 对于法律有规定登记所有权的动产则赠与合同自登记时起生效。

第四百五十九条 赠与不动产

1. 如果赠与的是依照法律规定需登记所有权的不动产，则赠与合同应以书面形式订立并进行公证、认证，或必须登记。
2. 不动产赠与合同自登记时起生效；如果不动产不需要登记所有权则赠与合同自转交财产时起生效。

第四百六十条 故意赠与不属于自己所有财产的责任

故意赠与不属于自己所有的财产且受赠人不知道或无法知道的，则当所有者收回财产时，赠与人必须向受赠人支付因增加财产价值而产生的费用。

第四百六十一条 告知赠与财产的缺陷

赠与人有义务告知受赠人关于所赠与财产的缺陷。赠与人知道财产有缺陷而不告知受赠人则必须承担赔偿受赠人损失的责任；如果赠与人不知道财产存在缺陷而将其赠与给受赠人则无需承担赔偿受赠人损失的责任。

第四百六十二条　附条件的财产赠与

1. 赠与财产前或赠与财产后赠与人可以要求受赠人履行一项或多项义务。赠与条件不得违反法律禁止条款，不得违反社会道德。
2. 必须在赠与财产前履行义务的，如果受赠人已经履行完义务而赠与人没有赠与财产，则赠与人必须支付受赠人已经履行义务的报酬。
3. 需在赠与财产后履行义务而受赠人不履行的，则赠与人有权利索回财产并要求赔偿损失。

第四节　财产借贷合同

第四百六十三条　财产借贷合同

财产借贷合同即各方之间约定由贷方将财产交付借方；归还期满时，借方应按正确的数量、质量归还同类财产给贷方并只需支付利息，如果有协商或法律有其他规定除外。

第四百六十四条　借贷财产的所有权

借方从收到财产时起即成为借贷财产的所有者。

第四百六十五条　贷方的义务

1. 按约定的时间和地点将质量完好、数量正确的财产完整地交给借方。
2. 如果贷方知道财产质量无法保证却不告知借方，则必须赔偿借方的损失，借方知道却仍然接受财产的情况除外。
3. 归还期限未到不得要求借方归还财产，本法第四百七十条的规定或相关法律有规定的情况除外。

第四百六十六条　借方的偿还义务

1. 如果借方借贷的财产是钱，则到期时应归还足够钱款；如果财产是物品，则需归还数量正确、质量完好的种类物，另有协商的情况除外。

2. 借方无法归还物品的情况下，如果获得贷方的同意，则可以按所借物品在归还时当地的市场价值支付同等的金钱。

3. 还债地点即贷方的住所或办公场地，另有协商的情况除外。

4. 无息贷款到期时借方不还或不完全归还的，则贷方有权要求按本法第四百六十八条第二款规定的利率支付未还金额部分的逾期利息，另有约定或法律有其他规定的情况除外。

5. 有息贷款到期借方不还或不完全归还的情况下则必须支付如下利息：

(1)按合同商定的利率，支付到期未归还的本金及贷款期间的利息；逾期归还的情况下，还应按本法律第四百六十八条第二款规定的利率支付逾期利息。

(2)未还本金的逾期利息根据合同贷款利率的150％计算，另有协商的情况除外。

第四百六十七条　使用借贷财产

各方商定借贷财产必须正确用于借贷目的。贷方有权检查财产的使用情况，如果已经提醒而借方仍违反目的使用财产，则贷方有权在到期前要回借贷财产。

第四百六十八条　利率

1. 借贷利率由各方协商。

各方约定利率的，则按照约定的利率，但年利率额度不得超过本金的20％，其他相关法律另有规定的情况除外。根据实际情况以及政府的建议，由国会常务委员会决定调整上述利率额度，并须在最近的一次会议上报告国会。

各方协商的利率超过本款规定的限定利率的情况下，则超过的利率部分无效。

2. 各方有关于支付利息的协商，但不确定具体利率并对利率存在争议的情况下，则在还款时利率以本条第一款规定的限定利率额度的50%来确定。

第四百六十九条　履行无期限借贷合同

1. 对于无期限且无息借贷合同，贷方任何时候都有权索回财产，借方也任何时候都有权归还财产，但是必须在合理的时间提前通知对方，另有约定的情况除外。

2. 对于无期限但有利息的合同，任何时候贷方都有权利收回财产，但是必须在合理的时间提前通知借方并在收回财产时获得利息，而借方也有权利于任何时候归还财产且只需支付直到归还日期的利息，但也必须在合理的时间提前通知贷方。

第四百七十条　履行有期贷款合同

1. 对于有期无息贷款合同，借方有权于任何时候归还财产，但必须在合理的时间提前通知贷方，而贷方只有在获得借方的同意时才可在到期前要回财产。

2. 对于有期有息贷款合同。借方有权于到期前归还财产，但应按期限支付所有的利息，另有协商或法律有其他规定的情况除外。

第四百七十一条　互助式集资

1. 互助式集资是在协商的基础上根据习惯建立的一项财产交易形式，指一群人集合在一起，共同确定集资人数、时间、金额或其他财产、集资方式、领取资金方式以及各成员的权利、义务。

2. 互助式集资组织的目的是依照法律规定进行民间互助。

3. 互助式集资组织在计取利息的情况下，则利率额度必须符合本法规定的限度。

4. 严禁互助式集资组织进行高利放贷。

第五节 财产租赁合同

第一小节 财产租赁合同总则

第四百七十二条 财产租赁合同

财产租赁合同即各方之间协商约定出租方将财产交付承租方使用一段时间，由承租方支付租金的协议。

住房租赁合同和用于其他使用目的的房屋租赁合同，根据本法、住房法的规定以及其他相关法律的规定履行。

第四百七十三条 租金

1. 租金由各方协商或由第三方根据各方的要求确定，法律另有规定的情况除外。
2. 各方没有协商或协商不明确的情况下，则租金按照租赁合同订立时间和地点的市场价格来确定。

第四百七十四条 租赁期限

1. 租赁期限由各方进行协商；如果没有协商则根据使用目的来确定。
2. 各方对租赁期限没有协商且无法根据使用目的来确定的情况下，则任一方都可以在任何时候终止合同，但必须在合理的时间提前通知对方。

第四百七十五条 转租

如果获得出租方的允许，承租方有权利将自己承租下来的财产进行转租。

第四百七十六条 交付租赁财产

1. 出租方将财产交付承租方，财产必须与协商的数量、质量、种类、性状、时间、地点一致并提供关于财产使用的必要信息。

2. 出租方迟延交付财产的，承租方可以延长财产归还期或解除合同并要求赔偿损失；如果租赁财产与所协商的数量、质量不符，则承租方有权要求出租方修改、降租金或解除合同并要求赔偿损失。

第四百七十七条　确保租赁财产使用价值的义务

1. 出租方必须保证财产在整个租赁期间性状与协商一致，符合租赁目的；对于财产的一切损坏、缺陷都必须进行维修，按惯例由承租方自行维修的小缺陷除外。

2. 不是因为承租方的过错造成租赁财产的使用价值被降低的情况下，则承租方有权要求出租方执行下列一项或多项措施：

(1)维修财产；

(2)降低租金；

(3)如果租赁财产存在缺陷而承租方不知道，或租赁财产无法维修，导致无法达到租赁目的，那么有权要求更换其他财产或单方终止履行合同并要求赔偿损失。

3. 已通知出租方维修，但出租方无法维修或维修不及时的情况下，则承租方有权以合理的费用自行维修租赁财产，但是必须告知出租方并有权要求出租方支付维修费用。

第四百七十八条　确保承租方财产使用权的义务

1. 出租方必须确保承租方稳定使用财产的权利。

2. 对租赁财产的所有权存在争议而导致承租方无法稳定使用租赁财产的，承租方有权利单方终止履行合同并要求赔偿损失。

第四百七十九条　保管租赁财产的义务

1. 承租方必须保管好租赁财产，负责进行保养以及小维修；如果丢失、损坏租赁财产则需要赔偿。

对于财产在使用过程中的自然损耗，承租方无需承担责任。

2. 如果出租方同意，承租方可以修补提升租赁财产价值并有权要求出租方支付合理费用。

第四百八十条 正确使用租赁财产的义务

1. 承租方必须按照财产的效用以及协商一致的目的正确使用财产。

2. 承租方不按目的、效用正确使用租赁财产的，则出租方有权单方终止履行合同并要求赔偿损失。

第四百八十一条 支付租金

1. 承租方必须依约按时支付租金给出租方；如果没有租金支付期限的约定，则根据当地习惯确定；如果无法根据当地习惯确定，则承租方在归还财产时支付租金。

2. 各方约定分期支付租金的情况下，如果承租方在接下来的三期未支付租金则出租方有权单方终止合同，另有约定或法律有其他规定的情况除外。

第四百八十二条 归还租赁财产

1. 承租方归还的财产性状必须与收到时一致，或与协商的一致，自然损耗除外；如果与收到时的性状相比，财产价值被降低则出租方有权要求赔偿损失，但要除去自然损耗。

2. 租赁财产为动产的，则财产归还地点为出租方的居住地或住所，另有协商的情况除外。

3. 租赁财产为家畜的，则承租方必须归还所租赁的家畜及其在租赁期间出生的家畜，另有约定的情况除外。出租方必须支付出生家畜的饲养费用。

4. 承租方迟延归还租赁财产的，则出租方有权利要求承租方归还财产，支付延迟归还财产期间的租金并赔偿损失；如果有约定，承租方还必须支付迟延归还租赁财产的违约金。

5. 承租方必须承担迟延归还期间租赁财产发生的一切风险。

第二小节　财产承包合同

第四百八十三条　财产承包合同

财产承包合同即各方之间协商约定发包方将财产交付给承包方用以开发利用，从中享受收益、孳息，且承包方有义务支付承包金。

第四百八十四条　承包合同的对象

承包合同的对象可以是用以开发利用，获取收益、孳息的土地、森林、未开发的水面、家畜、生产经营基地及其他生产资料、必要设备，法律另有规定的情况除外。

第四百八十五条　承包期限

承包期限由各方协商。没有协商或协商不明确的，则承包期限按照符合承包对象性质的生产、经营周期来确定。

第四百八十六条　承包金

承包金由各方进行协商；如果是通过投标的承包，则承包金根据投标结果确定。

第四百八十七条　交付承包财产

在交付承包财产时，各方须建立书面文本记录承包财产的性状，评估并确定承包财产的价值。

各方无法确定的情况下，则请第三方来评估价值并制成书面文本。

第四百八十八条　支付承包金以及支付方式

1. 承包金可以是实物、金钱或实施某项行为。

2. 承包方即使没有开发承包财产的效用也必须支付足够的承

包金。

3. 当签订承包合同时，各方可以协商关于降低承包金的条件；如果收益、收入损失至少三分之一，并且是由于不可抗力事件造成的，则承包方有权要求减免承包金，另有协商的情况除外。

4. 承包方必须按季节或承包财产开发效用周期以实物支付承包金的情况下，则于季节或开发周期结束时支付，另有约定的情况除外。

5. 承包方必须实施某项行为的情况下，则必须按约定正确实施该项行为。

6. 承包金支付期限由各方协商，各方没有协商的情况下则承包方必须于每月最后一天支付；按生产、经营周期承包的，则最迟于生产、经营周期结束时支付。

第四百八十九条　开发承包财产

承包方必须完全按照已经协商一致的目的进行承包财产开发，并定期报告发包方关于财产的性状以及财产开发情况；如果发包方有要求或需突击报告则承包方必须及时报告。当承包方开发承包财产效用与目的不符时，则发包方有权单方终止履行合同并要求赔偿损失。

第四百九十条　保管、保养、处置承包财产

1. 在开发承包财产期限内，承包方必须自费保管、保养承包财产以及附属设备，另有约定的情况除外；如果承包方遗失、损坏承包财产或致使承包财产失去价值、贬值则必须赔偿损失。对于承包财产使用过程中的自然损耗，承包方无需承担责任。

2. 如果有约定且必须保全承包财产价值，承包方可以自行维修、改造承包财产。

发包方应支付用于按约定对承包财产进行维修、改造的合理费用。

3. 承包财产不得用于转承包,发包方同意的情况除外。

第四百九十一条 承包家畜享受收益并承担损失

承包家畜期间,承包方有权享有出生家畜一半的数量,并承担家畜因不可抗力事件造成损失的一半责任,另有约定的情况除外。

第四百九十二条 单方终止履行承包合同

1. 单方终止履行合同的情况下,则必须在一个合理的时间提前通知对方;如果是按季节或开发周期承包,则提前通知时间必须符合季节或开发周期。
2. 承包方虽然违反合同约定开发承包对象,但如果这是承包方唯一的生活来源且继续承包不会给发包方利益带来严重影响的,则发包方不得单方终止履行合同;承包方必须向发包方承诺不得继续违反合同。

第四百九十三条 归还承包财产

当终止履行承包合同时,承包方必须归还性状与协商一致的、折旧程度合理的承包财产;如果致使承包财产失去价值或贬值则必须赔偿损失。

第六节 财产借用合同

第四百九十四条 财产借用合同

财产借用合同即各方之间协商约定出借方将财产交付给借用方使用一段时间而不需要支付金钱,借用期满或借用目的达到则借用方必须返还此财产的协议。

第四百九十五条 财产借用合同的标的物

所有不损耗的财产都可以作为财产借用合同的标的物。

第四百九十六条 财产借用方的义务

1. 保护、保管借用财产，不得随意更改财产性状；如果财产正常损坏则应进行维修。

2. 没有获得出借方的许可，不得转借他人。

3. 按时归还借用财产；如果没有关于归还期限的协商，则借用方在借用目的达到时即刻归还财产。

4. 如果遗失、损坏借用财产则应赔偿损失。

5. 借用方必须承担借用财产迟延归还期间的一切风险。

第四百九十七条 财产借用方的权利

1. 正确按照财产的效用以及协商好的目的使用借用财产。

2. 如果有约定，可要求出借方支付合理的维修费用或增加借用财产价值的费用。

3. 关于借用财产的自然损耗无需承担责任。

第四百九十八条 财产出借方的义务

1. 如有关于财产使用以及缺陷的必要信息，则必须提供。

2. 如有协商，支付借用方财产维修费用和增加财产价值费用。

3. 如果知道财产有缺陷而不告知借用方，导致借用方出现损失则应赔偿损失，借用方知道或应该知道缺陷的除外。

第四百九十九条 财产出借方的权利

1. 如果没有关于借用期限的协商，则在借用方的目的达到时即可要回财产；如果出借方有突发需求并迫切需要使用出借的财产，则即使借用方未达到目的也可要回，但是必须在合理的时间提前通知借用方。

2. 当借用方不正确按照协商一致的目的、效用、使用方法来使用或未经出借方同意擅自转借给他人时可以要回财产。

3. 要求赔偿由借用方造成的一切损失。

第七节　关于土地使用权的合同

第五百条　关于土地使用权的合同

关于土地使用权的合同是指各方之间协议约定土地使用者根据土地法的规定转换、转让、出租、转租、赠与、抵押、投资土地使用权或实现其他权利的协议；对方根据与土地使用者的合同实现权利和履行义务。

第五百零一条　土地使用权合同的内容

1. 合同一般规定以及本法中相关通用合同的内容也适用于土地使用权合同，法律有其他规定的情况除外。
2. 土地使用权合同的内容不得违反土地使用目的、期限、土地使用规划、计划等规定以及土地法和其他相关法律规定的其他权利、义务。

第五百零二条　履行土地使用权合同的形式、手续

1. 土地使用权合同必须根据本法、土地法规定的形式以及相关法律的其他规定订立书面合同。
2. 必须正确按照土地法以及其他相关法律规定的程序、手续来履行土地使用权合同。

第五百零三条　转让土地使用权的效力

土地使用权的转让自按土地法规定进行登记时起生效。

第八节　合作合同

第五百零四条　合作合同

1. 合作合同即各自然人、法人之间关于共同出资财产、共同努力完成某项事务、共享收益、共担责任的协议。
2. 合作合同必须以书面形式订立。

第五百零五条 合作合同的内容

合作合同的主要内容如下：

1. 合作目的、期限；
2. 自然人姓、名、住所；法人名称、住所；
3. 出资财产，如有；
4. 投入的劳动力，如有；
5. 收益、收入的分配方式；
6. 合作成员的权利、义务；
7. 代表人的权利、义务，如有；
8. 成员参加或撤出合作合同的条件，如有；
9. 终止合同的条件。

第五百零六条 各合作成员的共有财产

1. 由各成员依照法律规定出资、共同创造的财产以及其他财产即为各合作成员的按份共有财产。

   合作成员迟延执行出资协议的，则必须按本法第三百五十七条的规定支付逾期交付出资的利息并赔偿损失。

2. 处分土地、房屋、厂房、生产材料的使用权必须由各成员订立书面协议；其他财产的处分由各成员的代表决定，另有约定的情况除外。
3. 合作合同终止前不得分割共有财产，所有合作成员有协议的情况除外。

   本条款规定的财产分割并不改变或终止分割前就共有财产已确立的权利、义务。

第五百零七条 合作成员的权利、义务

1. 享有从合作活动中获得的收益、收入。
2. 参与履行合作合同各项问题的决定，监督合作活动。

3. 向其他成员赔偿因自己过错造成的损失。

4. 根据合同履行其他权利和义务。

第五百零八条　确立、实施民事行为

1. 各合作成员委派有代表人的，则此人即为确立、实施民事行为中的代表人。

2. 各合作成员没有派出代表人的，则各合作成员必须共同参加确立、实施民事行为，另有约定的情况除外。

3. 民事行为由本条第一款和第二款规定的主体确立、实施所产生的权利、义务由各合作成员承担。

第五百零九条　合作成员的民事责任

各合作成员以共有财产承担共同民事责任；如果共有财产不足以履行共同义务，则合作成员必须以对应于自己出资份额的个人财产来承担责任，合作合同或法律有其他规定的情况除外。

第五百一十条　撤出合作合同

1. 在下列情况中成员有权撤出合作合同：

(1)根据合作合同中的约定条件；

(2)有正当理由并获得半数以上合作成员的同意。

2. 根据协议，撤出合作合同的成员有权要求收回已出资的财产，可从共同财产中分割部分财产且必须根据协商约定的义务进行结算。分割的财产是实物，将影响到合作活动的情况下，则该财产将以折现的方式进行分割。

撤出合作合同并不终止此人撤出前确立、实施的权利与义务。

3. 撤出合作合同不属于本条第一款中规定的情况的，则视为撤出合作合同的成员违反合同，必须依据本法、其他相关法律的规定承担民事责任。

第五百一十一条　加入合作合同

合作合同没有其他规定的情况下，则自然人、法人在获得半数以上合作成员的同意即成为新的合作成员。

第五百一十二条　终止合作合同

1. 下列情况中终止合作合同：

(1)根据各合作成员的协议；

(2)合作合同中规定的期限已到；

(3)合作目的已达到；

(4)根据国家相关机关的决定；

(5)本法律、其他相关法律规定的其他情况。

2. 当终止合作合同时，合同产生的所有欠款必须结算完成；如果共同财产不足以还清债务，则必须根据本法律第五百零九条的规定以各合作成员的个人资产来结算。

债务结算完后共同财产仍有剩余的情况下，则根据每个人的相应出资比例分割财产，另有约定的情况除外。

第九节　服务合同

第五百一十三条　服务合同

服务合同即各方之间协商约定提供服务方为接受服务方提供服务工作，接受服务方必须向提供服务方支付服务费用的协议。

第五百一十四条　服务合同的标的

服务合同的标的为可实现的不违反法律禁止条款，且不违反社会道德的服务工作。

第五百一十五条　接受服务方的义务

1. 如有约定或执行服务工作所需，接受服务方应向提供服务方提供执行服务工作的必要信息、材料以及工具。

2. 按照协议向提供服务方支付服务费用。

第五百一十六条　接受服务方的权利

1. 要求提供服务方正确按照质量、数量、期限、地点及其他约定执行服务工作。
2. 提供服务方严重违反义务的情况下，则接受服务方有权利单方终止合同并要求赔偿损失。

第五百一十七条　提供服务方的义务

1. 正确按照质量、数量、期限、地点及其他约定执行服务工作。
2. 如果未经接受服务方的许可，不得将服务工作交给他人代替执行。
3. 完成工作后保管并必须归还接受服务方交给的材料及工具。
4. 如果信息、材料不齐全，工具质量不能保障完成服务工作的，应将相关事宜及时报告接受服务方。
5. 如有协商或法律规定，保守执行服务工作期间知道的机密信息。
6. 如果遗失、损坏被交给的材料、工具或泄露机密信息，则应赔偿损失给接受服务方。

第五百一十八条　提供服务方的权利

1. 要求接受服务方提供信息、材料以及工具以便执行服务工作。
2. 为了接受服务方的利益需要更改服务条件，如果等待意见将给接受服务方造成损失的，则可以更改服务条件而不用必须等待接受服务方的意见，但是必须及时通知接受服务方。
3. 要求接受服务方支付服务费用。

第五百一十九条　支付服务费用

1. 接受服务方必须按协议支付服务费用。
2. 当订立合同时，如果没有约定服务价格和确定服务价格的方法，并且没有任何其他关于服务价格的指导，则服务价格根据订立合同时当地的同类服务的市场价格来确定。

3. 工作完成时，接受服务方必须在执行工作地点支付服务费用，另有协商的情况除外。

4. 提供的服务未能与约定的一致或工作未按期完成的，则接受服务方有权降低服务价格并要求赔偿损失。

第五百二十条　单方终止履行服务合同

1. 如果继续执行的服务工作对于接受服务方来说没有任何利益，则接受服务方有权单方终止履行合同，但是必须在合理的时间提前通知提供服务方；接受服务方必须支付提供服务方已经执行的部分工作的服务费并赔偿损失。

2. 接受服务方严重违反义务的情况下，则提供服务方有权利单方终止履行合同并要求赔偿损失。

第五百二十一条　继续服务合同

服务合同规定的执行工作期限结束后，而服务工作仍未完成且提供服务方仍在继续执行工作，接受服务方知道但不反对，则服务合同自然继续按照已协商的内容执行，直到工作完成。

第十节　运输合同

第一小节　旅客运输合同

第五百二十二条　旅客运输合同

旅客运输合同即各方之间协商约定承运人将旅客、行李运输至约定的地点，旅客支付运输费用的协议。

第五百二十三条　旅客运输合同的形式

1. 旅客运输合同可以通过书面协议、口头协议或通过具体行为确立。

2. 票据是各方之间订立客运合同的凭证。

第五百二十四条 承运人的义务

1. 以协商好的交通工具将旅客从出发地按时、按路程安全地运输至目的地;保证有足够的座位给旅客,不超重超载。
2. 依照法律规定购买乘客民事责任险。
3. 保证按公布或约定的时间发车。
4. 运输行李并按约定的时间、路线、地点归还给旅客或行李接收人。
5. 根据约定或法律规定退还运输费用给旅客。

第五百二十五条 承运人的权利

1. 要求旅客支付全额运输费用,超过规定可携带的行李运输费用。
2. 下列情况可拒绝搭载旅客:

(1)旅客不执行承运人的规定或有扰乱公共秩序,妨碍承运人的工作,给他人生命、健康、财产带来威胁或有其他无法保证行程安全的行为;这种情况下,如果运输条例有规定,旅客不得要求退回运输费用且要受到处罚;

(2)由于旅客的健康状况,承运人清楚地意识到搭载此旅客在行程中将给其本人或他人造成危险;

(3)为了防止疾病传染。

第五百二十六条 旅客的义务

1. 支付全额旅客运输费用和超过规定可携带行李的运输费用,并自行保管随身携带的行李。
2. 按时在约定好的时间出现。
3. 尊重、遵守承运人的规定以及其他保障交通安全的规定。

第五百二十七条　旅客的权利

1. 要求按约定好的运输工具以及与路程相符的费用履行运输合同。
2. 根据约定或法律规定可免除限定范围内托运行李以及手提行李的运输费用。
3. 如果承运方存在过错，不按协商一致的时间、地点运输，可要求支付产生的费用或赔偿损失。
4. 根据本法第五百二十五条第二款第二项和第三项规定的情形和法律规定的其他情形，或根据约定收回全部或部分运输费用。
5. 按时、按路线在协商好的地点认领行李。
6. 根据由法律规定的程序在期限内要求暂停行程。

第五百二十八条　赔偿损失的责任

1. 旅客的生命、健康和行李被损害的情况下，则承运人必须依照法律规定赔偿损失。
2. 如果旅客的生命、健康和行李受到损害完全是因为旅客的过错造成的，则承运人无需赔偿损失，法律另有规定的情况除外。
3. 旅客违反约定的或运输条例规定的运输条件而给承运人或第三方造成损害的，则必须赔偿。

第五百二十九条　单方终止履行旅客运输合同

1. 本法律第五百二十五条第二款中规定的情形中承运人有权单方终止履行合同。
2. 承运人违反本法第五百二十四条第一、三、四款中规定的义务的，旅客有权单方终止履行合同。

第二小节 财产运输合同

第五百三十条 财产运输合同

财产运输合同即各方之间协商约定承运人有义务将财产运输至已商定的地点并将财产交给有权利接收人，托运人有义务支付运输费用的协议。

第五百三十一条 财产运输合同的形式

1. 财产运输合同可以书面形式、口头形式或通过具体行为确立。
2. 运输单或其他相当运输单据即为各方订立合同的凭证。

第五百三十二条 交付财产给承运人

1. 托运人有义务将财产按协商一致的时间、地点交给承运人且应按照协商一致的规格正确包装；必须承担装、卸财产费用，另有协商的情况除外。
2. 托运人没有正确按照协商好的时间、地点交财产的，则必须支付等待以及运输财产给承运人在合同中协商的地点的费用。承运人在约定的地点迟延接收财产的，则必须支付因迟延接收财产所产生的一切费用。

第五百三十三条 运输费用

1. 运输费用由各方协商；如果法律有关于运输费用额度的规定，则采用此运输费用额度。
2. 托运人必须在财产装上运输工具后全额支付运输费用，另有协商的情况除外。

第五百三十四条 承运人的义务

1. 保证运输财产完整、安全按时到达指定地点。
2. 将财产交给有权利接收人。
3. 承担财产运输中的相关费用，另有协商的情况除外。

4. 依照法律规定购买民事责任保险。
5. 承运人遗失、损坏财产的情况下应赔偿托运人的损失，另有协商或法律另有规定的情况除外。

第五百三十五条　承运人的权利

1. 检查财产、运输单或其他相当运输单据的真实性。
2. 拒绝运输与合同约定不一致的财产。
3. 要求托运人按时支付运输费用。
4. 如果承运人知道或应该知道运输物为禁止交易的财产、危险性财产、有毒财产，有权拒绝运输。

第五百三十六条　托运人的义务

1. 根据协商一致的期限、方式支付运输费用给承运人。
2. 提供关系到运输财产的必要信息以保障财产运输的安全。
3. 如果有约定，照看运输途中的财产。托运人照看财产而财产被遗失、损坏的情况下则不能要求赔偿。

第五百三十七条　托运人的权利

1. 要求承运人运输财产按时到达指定的地点。
2. 直接或指定第三方接收托运财产。

第五百三十八条　交付财产给财产接收人

1. 财产接收人可以是财产托运人或财产托运人指定接收财产的第三方。
2. 承运人必须按约定的时间、地点将财产完整地交付财产接收人。
3. 财产已经按时运输到达财产接收地点但是没有人接收的情况下，则承运人可以将财产提存在接收地点，并及时告知托运人或托运人指定的第三方。托运人或托运人指定的第三方须支付提存财产产生的一切费用。

财产被提存且托运人或托运人指定的第三方被通知财产提存事宜时，则交付财产义务完成。

第五百三十九条　财产接收人的义务

1. 向承运人出示运输单或其他相当运输单据并根据协商的时间、地点接收财产。
2. 承担运输财产的装、卸费用，另有协商或法律另有规定的情况除外。
3. 支付因迟延接收财产产生的一切费用。
4. 接收财产人是财产托运人指定的第三方的，则必须按托运人要求通知托运人关于财产接收事宜以及其他必要信息。

第五百四十条　财产接收人的权利

1. 检查运输到达的财产的数量、质量。
2. 接收运输到达的财产。
3. 要求承运人支付因需等待承运人迟延交付财产产生的合理费用。
4. 要求承运人赔偿因财产被遗失、损坏的损失。

第五百四十一条　赔偿损失的责任

1. 如果财产被遗失或损坏，承运人必须赔偿托运人的损失，本法第五百三十六条第三款规定的情况除外。
2. 由于运输财产具有危险性、毒害性且没有办法包装以保证运输过程的安全而造成损失，托运人必须赔偿承运人和第三方的损失。
3. 因不可抗力因素导致财产在运输途中被遗失、损坏或毁坏的情况下，则承运人不需要承担赔偿损失的责任，另有约定或法律另有规定的情况除外。

第十一节　加工合同

第五百四十二条　加工合同

加工合同即各方之间协商约定承揽加工人根据定作人的要求制作产品，定作人接收产品并支付加工费的协议。

第五百四十三条　加工合同的标的物

加工合同的标的物为按照样品，或根据各方约定或法律规定提前确定标准的物品。

第五百四十四条　定作人的义务

1. 正确按照协商一致的数量、质量、期限和地点提供原材料给承揽加工人；提供与加工工作相关的必要文件手续。
2. 指导承揽加工人执行加工工作。
3. 根据协议支付加工费用。

第五百四十五条　定作人的权利

1. 正确按照协商一致的数量、质量、方式、期限和地点接收加工产品。
2. 当承揽加工人严重违反合同时可单方终止履行合同并要求赔偿损失。
3. 产品质量无法保证而定作人同意接收并要求修理，但是承揽加工人于协商的期限内无法修理的，则定作人有权利解除合同并要求赔偿损失。

第五百四十六条　承揽加工人的义务

1. 保管由定作人提供的原材料。
2. 如果原材料的质量无法保证，须告知定作人关于更换原材料事宜；如果知道或应该知道使用原材料可能造出危害社会的产品，要拒绝加工。

3. 按协商一致的数量、质量、方式、期限和地点将产品交给定作人。
4. 保守关于加工过程及产品制造的机密信息。
5. 承担关于产品质量的责任，产品质量无法保证是由于定作人提供的原材料或定作人的不合理指导造成的情况除外。
6. 加工完成后将剩余原材料归还给定作人。

第五百四十七条　承揽加工人的权利

1. 要求定作人正确按照协商一致的质量、数量、期限和地点提供原材料。
2. 在履行合同过程中如果发现定作人的指导可能降低产品质量，可拒绝定作人的指导，但是必须及时通知定作人。
3. 要求定作人根据协商一致的期限和方式支付足额的加工费用。

第五百四十八条　承担风险责任

原材料所有者必须承担原材料或由此原材料制造出来的产品的一切风险，直到将产品交给定作人，另有协商的情况除外。

定作人迟延接收产品，则必须承担延迟接收产品期间包括从定作人提供的原材料制造出产品时的一切风险。

当承揽加工人延迟交产品且加工产品存在风险，则必须赔偿给定作人造成的损失。

第五百四十九条　交付、接收加工产品

根据协商的期限和地点，承揽加工人必须交付产品且定作人必须接收产品。

第五百五十条　延迟交付、接收加工产品

1. 承揽加工人延迟交货的情况下则定作人可以延期；如果延期承揽加工人仍无法完成工作，则定作人有权单方终止履行合同并要求赔偿损失。

2. 定作人延迟接货的情况下，则承揽加工人可以将产品提存在收货地点并及时告知定作人。当满足所约定的各条件且定作人收到通知时，则视为交货义务完成。定作人必须支付提存产品产生的一切费用。

第五百五十一条 单方终止履行加工合同

1. 如果继续履行合同无法给自己带来任何利益，则任何一方都有权单方终止履行加工合同，另有协商或法律另有规定的情况除外，但是必须在合理的时间提前通知对方。
2. 定作人单方终止履行合同则必须支付与已完成工作相应的费用，另有协商的情况除外。承揽加工人单方终止履行合同则无法获得酬劳，另有协商的情况除外。
3. 单方终止履行合同且给对方造成损失的，一方必须赔偿对方损失。

第五百五十二条 支付加工费

1. 定作人在收货时必须支付全额加工费，另有协商的情况除外。
2. 如果没有关于加工费的约定，则采用付款时加工点的同类产品加工工作的平均加工费。
3. 如果产品的质量无法保证是因为自己提供的原材料或不合理指导造成的，则定作人没有权利降低加工费。

第五百五十三条 清理原材料

当加工合同被终止，承揽加工人必须返还剩余原材料给定作人，另有协商的情况除外。

第十二节 财产寄存合同

第五百五十四条 财产寄存合同

财产寄存合同即各方之间协商约定，由保管人保管寄存人交来的财产，并于合同到期时返还该财产给寄存人，寄存人支付报酬给保管人，但免费保管的情况除外。

第五百五十五条　财产寄存人的义务

1. 交付财产时必须及时告知保管人关于财产的性状以及适合所寄存财产的保管方法；如果不告知而寄存财产因不当保管被销毁或损坏的，则由寄存人自己承担责任；如果造成损害还应进行赔偿。
2. 根据协议的期限和方式支付保管人足额的报酬。

第五百五十六条　财产寄存人的权利

1. 如果寄存合同没有规定期限，任何时候都可要求取回财产，但是必须在合理的时间提前通知保管人。
2. 如果保管人遗失、损坏寄存的财产，可要求赔偿损失，不可抗力因素造成的情况除外。

第五百五十七条　财产保管人的义务

1. 按照协议正确保管财产，并将财产如收到时的原样完整归还给寄存人。
2. 只能在非常必要的情况下，为了更好地保管财产，可以更换保管措施，但是必须及时告知寄存人。
3. 及时通知寄存人关于财产因其性质问题引起的损坏、销毁的风险，并要求寄存人在某期限内告知解决方法；如果期限已过而寄存人没有答复，则保管人有权执行一切必要的措施来保管财产并要求寄存人支付费用。
4. 如果遗失、损坏寄存财产则必须赔偿损失，另有协商的情况除外。

第五百五十八条　财产保管人的权利

1. 要求寄存人根据协议支付报酬。

2. 免费寄存的情况下要求寄存人支付财产保管的合理费用。
3. 寄存财产不确定期限的情况下,可以在任何时间要求寄存人取回财产,但是必须在合理的时间提前通知。
4. 为保障寄存人的利益出售存在被损坏或销毁危险的寄存财产,告知寄存人并将出售财产所得除去出售财产的合理费用后交给寄存人。

第五百五十九条　归还寄存财产

1. 保管人必须归还接收保管的财产以及孳息(如果有),另有协商的情况除外。

   归还财产地点即寄存地点;如果寄存人要求在其他地点归还财产,则必须承担财产运输到达目的地的费用,另有协商的情况除外。
2. 保管人必须按时归还财产,且只有在有正当理由的情况下才有权要求寄存人提前取回财产。

第五百六十条　迟交、迟取寄存财产

保管人迟交财产的情况下则不得要求寄存人支付迟交财产期间的酬劳以及保管费用,并应承担财产的一切风险。

寄存人迟延取回财产的,则必须支付迟延取回财产期间的各项保管费用以及酬劳给保管人。

第五百六十一条　支付报酬

1. 寄存人在取回财产时必须支付足额的报酬给保管人,另有协商的情况除外。
2. 如果各方没有关于酬金的协商,则采用付款时当地的酬金平均值。
3. 当寄存人提前取回财产时,则仍应支付足额的酬金以及保管人提前归还财产产生的一切必要费用,另有协商的情况除外。

4. 当保管人要求寄存人提前取回财产时，则保管人不得支付酬劳并应赔偿损失给寄存人，另有协商的情况除外。

第十三节　委托合同

第五百六十二条　委托合同

委托合同即各方之间协商约定或依据法律规定，被委托方有义务以委托方的名义去执行工作，委托方只需支付酬劳的协议。

第五百六十三条　委托期限

委托期限由各方进行协商或由法律规定；如果没有协商且法律没有规定，则委托合同有效期为一年，自委托工作确定之日起计算。

第五百六十四条　转委托

1. 下列情况中委托方可以转委托给他人：

(1)获得委托方的同意；

(2)由于不可抗力因素，如果不转委托则无法达到确立和实施民事行为的目的，影响到委托人的利益。

2. 转委托不得超出原委托的授权范围。

3. 转委托合同形式必须符合原委托合同形式。

第五百六十五条　被委托方的义务

1. 根据委托授权执行工作并告知委托方关于执行工作情况。

2. 告知执行委托工作关系中的第三方关于委托期限、范围以及委托范围的修改、补充情况。

3. 保管、保护被交予的用于执行委托工作的材料以及工具。

4. 保守在执行委托工作时自己知道的机密信息。

5. 根据协议或法律规定归还收到的财产以及执行委托工作中获得的利益给委托方。

6. 赔偿因违反本条规定的义务造成的损失。

第五百六十六条 被委托方的权利

1. 要求委托方提供用于执行委托工作的必要信息、材料、工具。
2. 获得支付自己支出用于执行委托工作的合理费用;根据约定享受报酬。

第五百六十七条 委托方的义务

1. 提供必要的信息、材料、工具给被委托方执行工作。
2. 承担由被委托方承诺在委托范围内执行工作的责任。
3. 支付被委托方支出用于执行委托工作的合理费用;根据约定支付报酬给被委托方。

第五百六十八条 委托方的权利

1. 要求被委托方完整报告关于执行委托工作的情况。
2. 要求被委托方归还财产以及执行委托工作中获得的利益,另有协商的情况除外。
3. 如果被委托方违反本法第五百六十五条规定的义务则可获得赔偿。

第五百六十九条 单方终止履行委托合同

1. 有报酬的委托,委托方于任何时候都有权利单方终止履行合同,但是必须支付所执行被委托的工作相应的报酬给被委托方并赔偿损失;如果是无报酬委托,则委托方于任何时候都有权单方终止履行合同,但是必须在合理的时间提前通知被委托方。

   委托方必须以书面形式通知第三方关于委托方停止履行委托合同事宜;如果不告知则委托方与第三方的合同仍具有效力,第三方知道或应该知道委托合同被终止的情况除外。
2. 无报酬委托中,被委托方于任何时候都有权单方终止履行合同,但是必须在合理的时间提前通知委托方;如果是有报酬委托，则被委托方于任何时候都有权利单方终止履行合同，如造成委托方损失的必须赔偿损失。

第十七章 悬赏和有奖比赛

第五百七十条 悬赏

1. 公开悬赏人必须对实现其悬赏要求的人兑现其奖赏承诺。
2. 悬赏执行的工作必须具体，可以实现，不违反法律禁止条款，不违反社会道德。

第五百七十一条 撤回悬赏

悬赏人有权撤回自己未到期限的悬赏事项。撤回悬赏应根据公布悬赏时的形式及媒体进行公告。

第五百七十二条 兑现奖赏

1. 悬赏工作由一个人实施的，则当工作实施完成时，实施人获得奖赏。
2. 当某项悬赏工作由多人同时实施但每个人都是各自独立完成的，则最先完成的人可获得奖赏。
3. 多人同时完成悬赏工作的情况下，则奖赏由这些人平分。
4. 由悬赏人要求多人共同合作完成悬赏工作的，则每个人都可获得相应的奖赏。

第五百七十三条 有奖比赛

1. 组织各项文化、艺术、体育、科学、技术以及其他比赛，不得违反法律禁止条款，不得违反社会道德。
2. 组织各项比赛的人必须公布参赛条件、获奖条件、各项奖赏以及每项奖金额。

   更改参赛条件必须在比赛开始前某个合理的时间根据已经公

布的方式进行。

3. 获奖者有权利要求比赛组织者根据公布的奖金额颁发奖励。

第十八章　无因管理

第五百七十四条　无因管理

无因管理即一个人没有义务管理某项事务，但是为了他人的利益自愿管理了这项事务，该事务被管理的人不知道或虽知道但是不反对。

第五百七十五条　无因管理的义务

1. 进行无因管理的人要按自己能力、条件管理事务。
2. 无因管理人必须像管理自己的事务一样实施无因管理行为；如果知道或可判断出被无因管理人对该项事务的意向，则管理该事务必须符合这个意向。
3. 如果有必要，无因管理人必须向事务被管理人通报对该事务管理的过程、结果。但事务被管理人已经知道，或无因管理人不知道事务被管理人的住址或住所的情况除外。
4. 事务被管理的人是自然人已死亡或是法人已不复存在的，则无因管理人必须继续执行该项管理工作，直到继承人或事务被管理人的代表人接受。
5. 无因管理人有正当理由无法继续执行该项管理工作的情况下，则必须告知事务被管理的人，让其代表人、亲属或其他人接替自己执行事务管理工作。

第五百七十六条　事务被管理人的支付报酬义务

1. 当无因管理人交接所管理的事务时，事务被管理人必须接受并支付管理人用于管理事务的一切合理费用，即便该项管理没有达到自己想要的结果。

2. 当无因管理人执行管理事务到位，给自己带来利益，则事务被管理人应向无因管理人支付报酬，但无因管理人拒绝的情况除外。

第五百七十七条 赔偿损失的义务

1. 无因管理人在执行管理工作时故意造成损害的，必须赔偿损失给事务被管理人。
2. 无因管理人因执行工作时过失造成损害的，则根据实际情况可以降低赔偿额度。

第五百七十八条 终止无因管理

在下列情况中终止无因管理：

1. 根据事务被管理人的要求；
2. 事务被管理人、事务被管理人的继承人或代表人接管工作；
3. 根据本法第五百七十五条第五款的规定，无因管理人无法继续执行管理工作；
4. 无因管理人是自然人的已死亡，或是法人已不复存在。

第十九章 非法占有、使用财产及不当得利的归还义务

第五百七十九条 归还义务

1. 非法占有、使用他人财产的人必须归还财产给财产所有者或其他权利主体；如果找不到财产的所有者、其他权利主体则必须交给国家相关机关，本法第二百三十六条规定的情况除外。
2. 没有法律依据从财产中获利造成他人损失的，受益人必须将不当得利偿还给受害人，本法律第二百三十六条规定的情况

除外。

第五百八十条　财产归还

1. 非法占有、使用他人财产的人必须归还全部财产。
2. 归还的财产如果是特定物品的，则必须正确归还此物品；如果此特定物品被遗失或损坏，则必须以金钱补偿，另有协商的情况除外。
3. 归还的财产是种类物，但是被遗失、损坏的，则必须归还其他种类物或以金钱补偿，另有协商的情况除外。
4. 不当得利人必须以实物或金钱偿还其所获得的不当利益给受害人。

第五百八十一条　归还收益、孳息的义务

1. 恶意的非法占有、使用财产以及不当得利人必须归还非法占有与使用财产、不当得利期间所获得收益、孳息。
2. 善意的非法占有、使用财产以及不当得利人必须归还其知道或应该知道为非法占有与使用财产、不当得利期间从中所获得的收益、孳息，本法律第二百三十六条规定的情况除外。

第五百八十二条　要求第三方归还的权利

非法占有、使用财产的人已经将财产交给第三方的情况下，则当被财产所有者、其他权利主体要求归还时，第三方有义务归还此财产，本法律另有规定的除外；如果此财产已被以金钱的形式归还或有补偿，则第三方有权要求交财产给自己的人赔偿损失。

第五百八十三条　支付报酬义务

获归还财产的财产所有者、其他权利主体、被损害者应向善意的非法占有和使用财产人、不当得利人支付其保管、增加财产价值所花费的必要费用。

第二十章　合同外的侵权赔偿责任

第一节　一般规定

第五百八十四条　侵权赔偿责任发生的依据

1. 侵犯他人生命、健康、名誉、人格、威信、财产及其他合法权益的行为且造成损失的，必须予以赔偿，本法、其他相关法律另有规定除外。
2. 如果损害是由于不可抗力事件或全部是由于受害方的过错造成的，则无需承担赔偿损失的责任，另有协商或法律另有规定的情况除外。
3. 自己的财产造成他人损害的，则财产所有者、财产占有者必须承担赔偿损失的责任，本条第二款规定的情况除外。

第五百八十五条　赔偿损失的原则

1. 实际损失必须全额且及时获得赔偿。关于赔偿额度，现金、实物抑或是实施某项行为的赔偿形式，一次抑或是分期多次的赔偿方式等，各方都可以协商，法律另有规定的情况除外。
2. 承担赔偿损失责任的人如果无过错或者是出于过失，且相对于自己的经济能力来说损失过大，可以降低赔偿额度。
3. 如果赔偿额度不符合实际情况，则受害方或致害方有权要求法院或其他相关国家机关变更赔偿额度。
4. 如果受害方在造成损害事件中有过错，则因自己过错造成损害的部分不得赔偿。
5. 如果是因为没有采取各种必要、合理的措施来阻止、限制损害发生而导致自己权益受损害的，则权益受损方不得赔偿。

第五百八十六条 自然人承担赔偿责任能力

1. 年满十八周岁以上的自然人造成损害的必须自己承担。

2. 有父母的未满十五周岁未成年人造成损害的，父母必须赔偿所有损失；如果父母的财产不足以赔偿，而实施侵权行为的未成年人拥有自己财产的，则以这些财产来赔偿不足的部分，本法律第五百九十九条规定情况除外。

   已满十五周岁到未满十八周岁的自然人造成损害的，以自己的财产赔偿损失；如果财产不足以赔偿损失，则父母以自己的财产赔偿不足的部分。

3. 未成年人，失去民事行为能力的人，认知、主观行为障碍的人造成损害且有监护人的，由监护人使用被监护人的财产进行赔偿；如果被监护人没有财产或财产不足以赔偿损失，则监护人必须使用自己的财产进行赔偿；如果监护人能证明自己在监护上没有过错，则无需使用自己的财产进行赔偿。

第五百八十七条 多人共同造成损失的赔偿

多人共同造成损失的情况下，则这些人对受害人必须承担连带赔偿责任。每个共同致害人的赔偿责任根据每个人相应的过错程度来确定；如果无法确定过错程度，则他们必须平等赔偿损失。

第五百八十八条 要求赔偿损失的诉讼时效

要求赔偿损失的诉讼时效为三年，自权利人知道或应该知道自己的合法权益被侵犯之日起计算。

第二节 确定损失

第五百八十九条 财产侵权的损失

财产侵权的损失包括：

1. 财产被遗失、被毁坏或被损坏；

2. 与被遗失、受损财产的使用、开发密切相连的利益；

3. 阻止、限制以及消除损害的合理费用；

4. 法律规定的其他损失。

第五百九十条　侵犯健康权的损失

1. 侵犯健康权的损失包括：

(1)救治、补养、康复的合理费用以及受害人身体功能的丧失或受损；

(2)受害人失去或受损的实际收入；如果受害人的实际收入不稳定或无法确定，则采用同类劳动的平均收入水平；

(3)受害人治疗期间其照顾护理者失去的合理费用及实际收入；如果受害人失去劳动能力且必须经常有人照顾的，则损失包括照顾受害人的合理费用；

(4)法律规定的其他损失。

2. 他人健康权受到侵犯的，承担损害赔偿责任的人必须根据本条第一款的规定赔偿损失，同时还要另行赔偿其所遭受的精神损失。精神损失费的赔偿额度由各方进行协商；如果无法协商，则给受害人的最大赔偿额度不超过国家规定的基本工资的五十倍。

第五百九十一条　侵犯生命权的损失

1. 侵犯生命权的损失包括：

(1)本法第五百九十条规定的健康权受到侵犯的损失；

(2)丧葬费；

(3)受害人生前有义务供养的人的供养费；

(4)由法律规定的其他损失。

2. 他人生命权受到侵犯的，承担损害赔偿责任的人必须根据本条第一款的规定赔偿损失，同时还要另行赔偿受害人第一顺序继承人亲属的精神损失，如果没有第一顺序继承人亲属，则受害人直接抚养的人、直接赡养受害人的人有权要求获得精神损失费的赔偿。精神损失费的赔偿额度由各方协商；如果无法协商，则给受害人的最大赔偿额度不超过国家规定的基本工资的一百倍。

第五百九十二条　侵犯名誉、人格、威信的损失

1. 名誉、人格、威信受到侵犯的损失包括：

(1)用于限制、消除损害的合理费用；

(2)失去或受损的实际收入；

(3)由法律规定的其他损失。

2. 他人名誉、人格、威信受到侵犯的，承担损害赔偿责任的人必须根据本条第一款规定赔偿损失，同时还要另行赔偿受害人所遭受的精神损失。精神损失费的赔偿额度由各方进行协商；如果无法协商，则给名誉、人格、威信受到侵犯的人的最大赔偿额度不超过国家规定的基本工资的十倍。

第五百九十三条　因生命、健康受到侵犯获得损害赔偿的期限

1. 受害人完全失去劳动能力的情况下，则受害人从完全失去劳动能力时起直到死亡可获得赔偿，另有协商的情况除外。

2. 受害人死亡的，则其生前有义务供养的人在下列情况中，从受害人生命受到侵犯死亡时起可获得赔偿：

(1)死者未成年子女或胎儿从出生后即可获得供养费直到年满十八周岁，已满十五周岁未满十八周岁已参加劳动且有足够的收入养活自己的人除外；

(2)成年人但是没有劳动能力，可获得供养费直到死亡。

3. 对于死者的胎儿，供养费从胎儿出生且活着时起算。

第三节 某些具体情况下的损害赔偿

第五百九十四条 超过正当防卫界限的损害赔偿

正当防卫的情况下造成损害的人无需向受害人作出赔偿。

因防卫过当造成损害的人必须向受害人作出赔偿。

第五百九十五条 超过紧急避险界限的损害赔偿

1. 因超过紧急避险界限发生损害的情况下,则避险人必须赔偿因超过紧急避险界限产生的部分损害给受害人。
2. 造成紧急情况导致损害发生的人必须赔偿受害人。

第五百九十六条 因使用兴奋剂造成的损害赔偿

1. 因喝酒或使用其他兴奋剂而失去意识和主观行为能力给他人造成损失的,必须承担赔偿责任。
2. 故意用酒或其他兴奋剂使他人失去意识和主观行为能力且造成损害的,必须向受害人承担赔偿责任。

第五百九十七条 由法人的人员造成的损害赔偿

法人必须赔偿因自己的人员在执行法人交付的任务时造成的损失;如果法人已经赔偿损失,则有权对在造成损害事件中有过错的人员依照法律规定行使追偿权。

第五百九十八条 执行公务时造成的损害赔偿

依据《国家赔偿责任法》的规定,国家有责任赔偿因执行公务者的违法行为造成的损失。

第五百九十九条 由未满十五周岁、失去民事行为能力的人在学校、医院、其他法人直接管理期间造成的损害赔偿

1. 未满十五周岁的人在学校直接管理期间造成损害的,则学校必须赔偿损失。
2. 失去民事行为能力的人在医院、其他法人直接管理期间给他人造成损害的，则医院、其他法人必须赔偿损失。

3. 如果能证明自己在管理工作上没有过错，本条第一款和第二款规定的学校、医院、其他法人无需作出赔偿。这种情况下，未满十五周岁、失去民事行为能力的人的父母、监护人必须作出赔偿。

第六百条　赔偿由工人、学徒造成的损失

自然人、法人必须赔偿由工人、学徒在执行被分配的工作时造成的损失，并有权对在造成损失事件中有过错的工人、学徒依照法律规定行使追偿权。

第六百零一条　高度危险源造成的损害赔偿

1. 高度危险源包括机动交通运输工具、电力传输系统、正运作的工业厂房、武器、爆炸物品、可燃物品、毒品、放射性物质、猛兽以及由法律规定的其他高度危险源。

   高度危险源的所有者必须依照法律规定正确运行、使用、保管、照看、运输高度危险源。

2. 高度危险源的所有者必须赔偿因高度危险源造成的损失；如果所有者已经交付他人占有、使用的，则占有、使用人必须赔偿，另有协商的情况除外。

3. 高度危险源的所有者、占有、使用者即使没有过错也必须赔偿，下列情况除外：

   (1)损失的发生完全是因为受害人故意造成的；

   (2)不可抗力因素或紧急避险情况下发生的损害，法律另有规定的情况除外。

4. 高度危险源被违法占有、使用的情况下，则正违法占有、使用高度危险源的人必须赔偿损失。

   当高度危险源的所有者、占有者、使用者在让高度危险源被违法占有、使用事件上有过错时则必须承担连带赔偿责任。

第六百零二条 因环境污染造成的损害赔偿

环境污染造成损失的主体必须依照法律规定赔偿损失，包括主体没有过错的情况。

第六百零三条 牲畜造成的损害赔偿

1. 牲畜的所有者必须赔偿由牲畜给他人造成的损失。牲畜占有、使用者必须赔偿在占有、使用牲畜期间的损失，另有协商的情况除外。
2. 完全是因为第三方的过错致使牲畜给他人造成损害的，则第三方必须赔偿损失；如果第三方和所有者都有过错则必须承担连带赔偿责任。
3. 牲畜被违法占有、使用造成损害的情况下，则违法占有、使用牲畜者必须赔偿损失；当牲畜的所有者、占有者、使用者在让牲畜被违法占有、使用事件上有过错时则必须承担连带赔偿责任。
4. 按习惯放养牲畜而造成的损害的情况下，则牲畜的所有者必须按习惯赔偿，但是不得违背法律、社会道德。

第六百零四条 因植物造成的损害赔偿

植物所有者、占有者、被交付管理者必须赔偿因植物造成的损失。

第六百零五条 因房屋、其他建筑工程造成的损害赔偿

房屋、其他建筑工程所有者、占有者、被交付管理者、使用者必须赔偿因房屋、其他建筑工程给他人造成的损失。

当施工者在让房屋、其他建筑工程给他人造成损失的事件中有过错，则必须承担连带赔偿责任。

第六百零六条 侵犯尸体的损害赔偿

1. 侵犯尸体的自然人、法人必须赔偿损失。
2. 侵犯尸体的损失包括用于限制、消除损害的合理费用。

3. 当尸体被侵犯，承担赔偿责任的人必须根据本条第二款的规定赔偿，同时还要赔偿死者第一顺序继承人亲属的精神损失，如果没有第一顺序继承人亲属，则直接养育死者的人可获得精神损失赔偿。精神损失费的赔偿额度由各方进行协商；如果无法协商，则对于每个被侵犯的尸体的最大赔偿额度不超过国家规定的基本工资的三十倍。

第六百零七条　侵犯坟墓的损害赔偿

1. 侵犯到他人坟墓的自然人、法人必须赔偿损失。
2. 侵犯坟墓的损失包括用于限制、消除损害的合理费用。
3. 他人坟墓被侵犯的，承担赔偿责任的人必须根据本条第二款的规定赔偿，同时还要赔偿死者第一顺序继承人亲属的精神损失；如果没有第一顺序继承人亲属，则直接养育死者的人可获得精神损失赔偿。精神损失费的赔偿额度由各方进行协商；如果无法协商，则对于每个被侵犯的坟墓的最大赔偿额度不超过国家规定的基本工资的十倍。

第六百零八条　侵犯消费者权益的损害赔偿

产品、服务、生产、经营的自然人、法人因产品、服务的质量问题而给消费者造成损失的必须承担赔偿责任。

第四编　继承

第二十一章　一般规定

第六百零九条　继承权

自然人有权立遗嘱分配自己的财产；将自己的财产依法留给继承人；根据遗嘱或法律继承遗产。

非自然人可以根据遗嘱享有继承遗产的权利。

第六百一十条　自然人的平等继承权

每个人将自己的财产留下来给他人的权利，以及根据遗嘱或法律继承遗产的权利都是平等的。

第六百一十一条　继承的时间、地点

1. 继承时间即被继承人死亡的时间。由法院宣布死亡的，则继承时间即本法律第七十一条第二款中规定的日期。
2. 继承地点即被继承人的最终住所；如果无法确定最终住所，则继承地点为全部遗产或大部分遗产所在地。

第六百一十二条　遗产

遗产包括被继承人的私人财产，被继承人与他人共同财产中的部分财产。

第六百一十三条　继承人

继承人在继承开始时必须是活着的自然人，或者是在被继承人死亡前已经成为胎儿、继承开始后出生并存活的自然人。遗嘱继承人为非自然人的，则必须于继承开始时存在。

第六百一十四条　继承人权利和义务的产生时间

自继承开始时起，继承人拥有被继承人遗产的权利、义务。

第六百一十五条　履行被继承人的遗产义务

1. 继承人有责任履行被继承人留下来的遗产范围内的财产义务，另有协商的情况除外。
2. 遗产未被分配的情况下，则被继承人留下的财产义务由遗产管理者根据继承人的协议在遗产范围内的履行。
3. 遗产已经分配的情况下，则每个继承人履行由被继承人留下的相应的财产义务，但不超过自己所继承的财产部分，另有协商的情况除外。
4. 继承人是根据遗嘱继承遗产的非自然人的，也必须如自然人继承人一样履行被继承人的遗产义务。

第六百一十六条　遗产管理人

1. 遗产管理人为遗嘱中指定或由继承人商量选出来的人。
2. 遗嘱中没有指定且继承人还未选出遗产管理人的，则正占有、使用、管理遗产的人继续管理这些遗产直到继承人选出遗产管理人。
3. 未能确定继承人且本条第一款和第二款中规定的遗产管理人未有人选的情况下，则遗产由国家相关机关进行管理。

第六百一十七条　遗产管理人的义务

1. 本法第六百一十六条第一款和第三款中规定的遗产管理人具有如下义务：

   (1)立遗产清单；收回他人占有的属于被继承人遗产的财产，法律另有规定的情况除外；

   (2)保管遗产；如果没有各继承人书面形式的许可，不得出售、交换、赠与、质押、抵押或以其他方式处置遗产；

(3)通知各继承人关于遗产的情况；

(4)如果违反了自己的义务且造成损害的则应赔偿损失；

(5)根据继承人的要求交回财产。

2. 本法第六百一十六条第二款中规定的正在占有、使用、管理遗产的人具有如下义务：

(1)保管遗产；不得出售、交换、赠与、质押、抵押或以其他方式处置遗产；

(2)通知继承人关于遗产的情况；

(3)如果违反了自己的义务且造成损害的则应赔偿损失；

(4)根据与遗产遗留者合同中的约定或根据继承人的要求交回遗产。

第六百一十八条　遗产管理人的权利

1. 本法第六百一十六条第一款和第三款中规定的遗产管理人具有如下权利：

(1)在处理关于遗产与第三方的关系中作为继承人代表；

(2)根据与继承人的协议可获得报酬；

(3)可获得遗产保管费。

2. 法律第六百一十六条第二款中规定的正在占有、使用、管理遗产的人具有如下权利：

(1)根据与遗产遗留者的合同中的协议或征得继承人的同意，可继续使用遗产；

(2)根据与继承人的协议可获得报酬；

(3)可获得遗产保管费。

3. 如果没有与继承人达成关于报酬协议，则遗产管理人可获得一笔合理的报酬。

第六百一十九条　互相有遗产继承权的人同时死亡的继承事宜

互相有遗产继承权的人同时死亡或因无法确定谁先死亡则视为同时死亡（以下统称为同时死亡），这种情况下他们无法互相继承遗产，且每个人的遗产由他们的继承人享有，本法第六百五十二条规定的代位继承除外。

第六百二十条　拒绝继承遗产

1. 继承人有权拒绝继承遗产，但为了逃避对他人履行财产义务的情况除外。
2. 拒绝继承遗产必须以书面形式通知遗产管理人、其他继承人及被交付分割财产任务的人。
3. 拒绝继承遗产的意思表示必须于财产分割前体现出来。

第六百二十一条　丧失遗产继承权的人

1. 以下人员丧失遗产继承权：
   (1)被判处罪名为故意侵犯被继承人生命、健康或严重虐待、折磨被继承人，严重侵犯被继承人的名誉、人格的人；
   (2)严重违反养育被继承人义务的人；
   (3)被判处罪名为故意侵犯其他继承人生命以取得其享有的部分或全部遗产继承权的人；
   (4)有欺骗、强迫或阻止被继承人订立遗嘱行为的人；违反被继承人意愿，伪造、篡改、销毁、隐藏遗嘱，企图获取部分或全部遗产的人。
2. 如果被继承人知道这些人的行为后仍然立遗嘱让他们继承遗产的，则本条第一款中规定的那些人仍可以享有遗产继承权。

第六百二十二条　无人继承的财产

没有遗嘱、法定继承人，或虽然有遗嘱、法定继承人但继承人丧失继承权或拒绝继承遗产的，则履行完财产义务后剩下的无人继承的财产归国家所有。

第六百二十三条 继承时效

1. 继承人要求分割的遗产为不动产的时效是三十年，动产的时效为十年，自继承开始之日起计算。时效期限过后则遗产属于正在管理此遗产的继承人。没有继承人管理遗产的情况下则遗产的归属如下：

(1)根据本法律第二百三十六条的规定遗产归正在占有该遗产的人所有；

(2)如果遗产没有本项第一项规定的遗产占有人，则该遗产归国家所有。

2. 继承人要求确认自己的继承权或对他人继承权提出异议的时效为十年，自继承开始之日起计算。

3. 要求继承人以继承的遗产履行被继承人生前义务的时效为三年，自继承开始之日起计算。

第二十二章 遗嘱继承

第六百二十四条 遗嘱

遗嘱即个人意愿的体现，目的是为了在自己死后将自己的财产转给他人。

第六百二十五条 遗嘱人

1. 具备本法第六百三十条第一款第一项规定的条件的成年人有权立遗嘱处分自己的财产。

2. 如果获得父母或监护人的同意，已满十五周岁到未满十八周岁的人也可订立遗嘱。

第六百二十六条　遗嘱人的权利

遗嘱人具有下列权利：

1. 指定继承人；取消继承人的遗产继承权；
2. 划分每个继承人继承的遗产；
3. 从遗产中保留一部分用以捐赠、供奉；
4. 分配义务给继承人；
5. 指定遗嘱持有人、遗产管理人、遗产分割人。

第六百二十七条　遗嘱的形式

遗嘱必须以书面形式订立；如果无法订立书面遗嘱则可立口头遗嘱。

第六百二十八条　书面遗嘱

书面遗嘱包括：

1. 没有见证人的书面遗嘱；
2. 有见证人的书面遗嘱；
3. 有公证的书面遗嘱；
4. 有认证的书面遗嘱。

第六百二十九条　口头遗嘱

1. 当一个人的生命受到死亡的威胁无法订立书面遗嘱的情况下可以立口头遗嘱。
2. 自口头遗嘱订立时起三个月后，而立遗嘱人仍活着、清醒、明智的，则口头遗嘱自然失效。

第六百三十条　合法遗嘱

1. 合法的遗嘱必须具备下列条件：

　(1)遗嘱人在立遗嘱时必须清醒、明智；不被欺骗、威胁、强迫；

　(2)遗嘱内容不违反法律禁止条款，不违反社会道德；遗嘱形式不违反法律规定。

2. 已满十五周岁到未满十八周岁的人的遗嘱必须以书面形式订立，且必须获得其父母、监护人的同意。
3. 体质受限或不识字的人立遗嘱必须有人作证代书为书面遗嘱，并进行公证或认证。
4. 如果具备本条第一款中规定的条件，没有公证、认证的书面遗嘱被视为合法遗嘱。
5. 口头遗嘱人表述自己最终意愿时至少有两个见证人在场见证，且口头遗嘱人表述完自己最终意愿后见证人立即记录下来，共同签字或按指模，口头遗嘱才被视为合法。自口头遗嘱人表述自己最终意愿之日起五个工作日内，遗嘱必须由公证人或国家相关机关证实确认见证人的签字或指模。

第六百三十一条　遗嘱的内容

1. 遗嘱包含下列主要内容：

(1)订立遗嘱的年、月、日；

(2)立遗嘱人的姓、名、住所；

(3)遗产继承人的姓、名，机关、组织；

(4)遗产以及有遗产地点。

2. 除本条第一款规定的内容外，遗嘱还可以有其他内容。
3. 遗嘱不得简写或以字符书写，如果遗嘱包含多页，则每页都必须写上序号且要有遗嘱人的签字或指模。

遗嘱有删改的地方，则写遗嘱的人或见证遗嘱的人必须在删改处的旁边签名。

第六百三十二条　立遗嘱见证人

每个人都可以作遗嘱见证人，但下列人员除外：

1. 根据遗嘱或法律规定为遗嘱人的继承人；
2. 与遗嘱内容相关的财产权利、义务人；

3. 未成年人,失去民事行为能力人,辨认、控制自身行为有困难的民事行为能力人。

第六百三十三条　没有见证人的书面遗嘱

遗嘱人必须自己书写遗嘱并签名。

没有见证人的书面遗嘱必须符合本法第六百三十一条的规定。

第六百三十四条　有见证人的书面遗嘱

遗嘱人不是自己书写遗嘱的情况下,则可以自己打字或让他人代书或打字,但至少要有两位见证人。遗嘱人必须在见证人当场见证下在遗嘱上签字或按指模;见证人确认遗嘱人的签字、指模并在遗嘱上签字。

订立有见证人的书面遗嘱必须符合本法第六百三十一条和第六百三十二条的规定。

第六百三十五条　有公证或认证的遗嘱

遗嘱人可以要求公证或认证遗嘱。

第六百三十六条　在公证机构或乡级人民委员会立遗嘱的手续

在公证机构或乡级人民委员会立遗嘱必须遵循下列手续:

1. 立遗嘱人当着公证人或乡级人民委员会的有权认证人的面宣布遗嘱内容。公证人或乡级人民委员会的有权认证人必须摘抄立遗嘱人宣布的内容。在确认遗嘱被准确记录并正确体现自己的意愿后,遗嘱人在遗嘱上签字或按指模。公证人或乡级人民委员会的有权认证人在遗嘱上签字。
2. 立遗嘱人无法读或听遗嘱,无法签字或按指模的情况下,则必须有见证人当着公证人或乡级人民委员会的有权认证人的面签字确认。公证人或乡级人民委员会的有权认证人当着遗嘱人以及见证人的面验证遗嘱。

第六百三十七条　应当回避公证、认证遗嘱的人

如果公证人或乡级人民委员会的有权认证人有下列情形之一的，不得公证、认证遗嘱：

1. 根据遗嘱或法律规定为遗嘱人的继承人；
2. 根据遗嘱或法律规定有父母、配偶、子女作为继承人的；
3. 具有与遗嘱内容相关的财产权利、义务人。

第六百三十八条　效力等同于被公证或认证的书面遗嘱

1. 如果军人无法要求公证或认证，有大队长级别以上的单位负责人确认的现役军人的遗嘱。
2. 正搭乘轮船、飞机的人有经这些交通工具指挥人员确认的遗嘱。
3. 正在医院、其他医疗、疗养机构治疗的人有经医院、其他机构负责人确认的遗嘱。
4. 正在森林、海岛上从事考察、探测、研究工作的人员有经单位负责人确认的遗嘱。
5. 在国外的越南公民有经驻国外越南领事机关、外交代表确认的遗嘱。
6. 正被拘留、羁押的人，正在监狱服刑的人，以及正在教育、医疗机构执行行政处罚的人有这些机关负责人确认的遗嘱。

第六百三十九条　由公证人在住所订立的遗嘱

1. 立遗嘱人可以要求公证人到自己的住所订立遗嘱。
2. 根据本法第六百三十六条的规定，在住所订立遗嘱的手续与在公证机关订立遗嘱的手续一致。

第六百四十条　修改、补充、更换、撤销遗嘱

1. 遗嘱人任何时候都可以修改、补充、更换、撤销已订立的遗嘱。
2. 遗嘱人补充遗嘱的情况下，则已订立的遗嘱与补充部分具有同等法律效力；如果已订立遗嘱的某部分与补充部分互相矛盾则以补充部分为准。

3. 遗嘱人以新遗嘱替换旧遗嘱的情况下，则旧遗嘱被撤销。

第六百四十一条 寄存遗嘱

1. 遗嘱人可以要求公证机关保留或交给他人保存遗嘱。

2. 公证机关保留遗嘱的，则必须根据本法以及《公证法》的规定保管、保护遗嘱。

3. 持有遗嘱人的义务如下：

(1)保守遗嘱内容秘密；

(2)保护、保管遗嘱；如果遗嘱被丢失、损坏则必须及时通知遗嘱人；

(3)当遗嘱人死后，将遗嘱交给继承人或有权利公布遗嘱的人。交接遗嘱事宜必须制作书面文件，有遗嘱交接双方的签字，且至少必须有两个人在场见证。

第六百四十二条 遗嘱被丢失、损坏

1. 自继承开始，如果遗嘱被丢失或被损坏无法完整体现立遗嘱人的意愿，且没有任何凭证证明遗嘱人的真实意愿的，则视为没有遗嘱，适用法定继承的各项规定。

2. 遗产尚未分割而又找到了遗嘱的，则遗产按照遗嘱进行分割。

3. 在要求分割遗产的时效内，遗产已经被分割后才找到遗嘱的，如果遗嘱继承人提出要求，则重新按遗嘱分割遗产。

第六百四十三条 遗嘱的效力

1. 遗嘱自继承开始时生效。

2. 下列情况中遗嘱全部或部分失效：

(1)遗嘱继承人比遗嘱人先死亡或与遗嘱人同时死亡；

(2)继承开始时被指定为继承人的机关、组织不复存在。

按照遗嘱有多个继承人，有人比遗嘱人先死亡或与遗嘱人同时死亡，在继承开始时被指定继承的多个机关、组织中有不复存在的情况下，只有与此人、此机关、组织相关的部分遗嘱无效。

3. 如果在继承开始时，留给继承人的遗产不复存在则遗嘱无效；如果留给继承人的遗产只剩一部分，则与此部分遗产相关的遗嘱仍具效力。

4. 当有部分遗嘱不合法而不影响剩余部分遗嘱时，则剩余部分遗嘱仍有效。

5. 当一个人留下针对某个财产的多份遗嘱时，则只有最终的那份遗嘱有效。

第六百四十四条　不属于遗嘱内容的继承人

1. 下列这些人如果没有获得遗嘱人分配遗产，或只获分配不到按法定继承份额三分之二的遗产，则他们可以继承相当于按法定继承份额三分之二的遗产：

(1)未成年子女、父母、配偶；

(2)成年却无劳动能力的子女。

2. 本条第一款中的规定不适用于第六百二十条规定的拒绝继承遗产的人或根据本法第六百二十一条第一款规定的丧失继承权的人。

第六百四十五条　用于供奉的遗产

1. 遗嘱人留下部分遗产用于供奉的情况下，则这部分遗产不得分割继承，交给遗嘱中指定的人员进行管理以进行供奉；如果被指定人员不正确执行遗嘱或继承人的协议，则这些继承人有权利把用于供奉的遗产交由他人进行管理供奉。

被继承人没有指定人员管理用于供奉的遗产的，则继承人协商确定人员管理用于供奉的遗产。

所有遗嘱规定的继承人都已死亡的情况下，则用于供奉的遗产归属于法定继承人中正在合法管理这些遗产的人所有。

2. 被继承人的所有遗产不足以清偿其财产义务的,则不能将部分遗产用于供奉。

第六百四十六条 遗赠

1. 遗赠即遗嘱人将部分遗产赠与他人。遗赠必须在遗嘱中写明。
2. 获得遗赠的人是继承开始时仍活着的个人,或继承开始后出生且活着但在被继承人死前已经是胎儿的人。受遗赠人为非自然人的情况下则在继承开始时必须存在。
3. 受遗赠人不需要履行受赠遗产的财产义务,但全部遗产不足以结算遗嘱人财产义务的,则被遗赠的财产同样被用于履行遗嘱人剩下的义务。

第六百四十七条 公布遗嘱

1. 书面遗嘱被寄存在公证机关的情况下,则公证人为公布遗嘱人。
2. 遗嘱人指定公布遗嘱人的情况下,则被指定公布遗嘱人有义务公布遗嘱;如果遗嘱人没有指定或虽有指定但是被指定公布遗嘱人拒绝公布遗嘱,则由继承人商量选举公布遗嘱人。
3. 继承开始后,公布遗嘱人必须复印遗嘱副本交给与遗嘱内容相关的每一个人。
4. 收到遗嘱副本的人有权利要求对照遗嘱原件。
5. 以外语订立遗嘱的情况下,则此遗嘱必须被翻译成越南语并有公证或认证。

第六百四十八条 解释遗嘱内容

遗嘱内容不明确的导致多种不同理解的情况下,则遗嘱继承人必须根据被继承人此前的真实意愿,考虑到被继承人与遗嘱继承人的关系共同解释遗嘱内容。当这些人对于遗嘱内容理解不一致时有权利要求法院解决。

有部分遗嘱内容无法解释但不影响遗嘱其他内容的情况下，则只有无法解释的部分内容失效。

第二十三章　法定继承

第六百四十九条　法定继承

法定继承即按法律规定的继承顺序、条件以及程序继承。

第六百五十条　法定继承的情形

1. 法定继承适用于以下情形：

(1)没有遗嘱；

(2)遗嘱不合法；

(3)遗嘱规定的那些继承人比遗嘱人先死亡或与遗嘱人同时死亡；遗嘱规定的可享有遗产的机关、组织在继承开始时不复存在；

(4)根据遗嘱被指定为继承人的那些人丧失遗产继承权或拒绝继承遗产。

2. 法定继承也适用于下列遗产：

(1)无法在遗嘱中处置的部分遗产；

(2)与没有法律效力的部分遗嘱相关的遗产；

(3)与遗嘱规定的但丧失继承权或拒绝继承遗产、比遗嘱人先死亡或与遗嘱人同时死亡的继承人相关的部分遗产；与遗嘱规定的可享有遗产但在继承开始时不复存在的机关、组织相关的部分遗产。

第六百五十一条　法定继承人

1. 法定继承人的继承顺序如下：

(1)第一顺序继承人包括:被继承人配偶、生父母、养父母、亲生子女、养子女;

(2)第二顺序继承人包括:被继承人的祖父、祖母、外祖父、外祖母、兄弟、姐妹;被继承人的孙子女、外孙子女;

(3)第三顺序继承人包括:被继承人的曾祖父母、外曾祖父母;被继承人的伯伯、叔叔、舅舅、姑母、阿姨;被继承人的侄子女、外甥子女、曾孙子女、外曾孙子女。

2. 同一顺序继承人可享有同等遗产继承权。

3. 如果前一顺序继承人因死亡、丧失继承权、被取消继承权或拒绝继承遗产而无人继承,后面顺序的继承人才能继承遗产。

第六百五十二条　代位继承

被继承人的子女比被继承人先死亡或与被继承人同时死亡的情况下,则孙子女和外孙子女可以继承其父亲或母亲生前可以享有部分遗产;如果孙子女和外孙子女也比被继承人先死亡或与被继承人同时死亡的话,则曾孙和外曾孙可以享有其父亲或母亲生前可以享有的部分遗产。

第六百五十三条　养子女与养父母、生父母之间的继承关系

养子女与养父、养母可以相互继承遗产并可以继承本法第六百五十一条和第六百五十二条规定的遗产。

第六百五十四条　继子女与继父母之间的继承关系

前继子女与继父、继母之间如果有如父子、母子般互相照顾、养育关系则可互相继承遗产,并可以继承本法第六百五十二条和第六百五十三条规定的遗产。

第六百五十五条　夫妻已经分割财产,夫妻一方正申请离婚或已经与他人结婚情况下的遗产继承

1. 婚姻仍存续时夫妻已经分割财产,之后其中一人死亡,则活着的另一方可以继承遗产。

2. 夫妻申请离婚而未结案或虽已获得法院判决或裁定离婚,但判决、裁定尚未产生法律效力的情况下,如果其中一人死亡,则活着的另一方仍然可以继承遗产。

3. 当一方死亡时夫妻关系仍在存续期间,则尽管后来又与他人结婚,也仍然可以继承遗产。

第二十四章　结算和分割遗产

第六百五十六条　继承人会议

1. 通知继承开始或遗嘱被公布后,继承人可以开会协商下列事宜:

    (1)如果被继承人在遗嘱中没有指定的,继承人会议选出遗产管理人、遗产分割人,确定各继承人的权利、义务;

    (2)遗产分割方式。

2. 继承人的一切协议都应以书面形式作出。

第六百五十七条　遗产分割人

1. 遗产分割人可以同时是遗嘱中指定的或继承人协商选出来的遗产管理人。

2. 遗产分割人必须正确按照遗嘱或根据法定继承人的协议分割财产。

3. 如果被继承人在遗嘱中允许或继承人有协议,则遗产分割人可获得报酬。

第六百五十八条　优先结算顺序

各项财产义务以及与继承事宜相关的各项费用按下列顺序结算:

1. 按习俗安葬的合理费用;

2. 所欠的供养费；

3. 遗产保管费用；

4. 被继承人家属补助金；

5. 劳动薪金；

6. 损害赔偿金；

7. 必须上交国库的税收以及其他款项；

8. 针对自然人、法人的其他各项欠款；

9. 罚金；

10. 其他各项费用。

第六百五十九条　按照遗嘱分割遗产

1. 遗产的分割必须根据被继承人的意愿执行；如果遗嘱未能确定每个继承人继承的部分，则遗产将被平均分给每一个继承人，另有协商的情况除外。

2. 遗嘱确定遗产按实物进行分割的情况下，则继承人可获得实物以及此物带来的收入、孳息或必须接受分割遗产时实物的贬值；如果实物因他人过错被销毁，则继承人有权利要求赔偿损失。

3. 遗嘱只确定按遗产总价值比例进行分割的情况下，则比例以分割遗产时的遗产总价值为准。

第六百六十条　依法分割遗产

1. 当分割遗产时，如果有同顺序继承人已经成为胎儿但未出生，则必须留出一份与其他继承人同等的遗产，等其出生且活着的话可继承；如果在出生前死亡，则由其他继承人继承。

2. 继承人有权要求以实物分割遗产；如果实物无法平分则继承人们可以协商估价实物或协商谁接受实物；如果协商不一致则将实物出售然后平分。

第六百六十一条 限制分割遗产

按照立遗嘱人的意愿或根据所有继承人的协商,只有在某个特定期限后才能分割遗产的情况下,则只能在这个期限到期时遗产才能拿来分割。

要求分割继承遗产时,如果遗产的分割将严重影响活着的妻子或丈夫以及家庭的情况下,则活着的一方有权要求法院确定继承人可分配的遗产,但在一定期限内不能进行分割。这个期限不超过三年,自继承开始之日起计算。三年期限到,活着的一方能证明到分割财产仍严重影响到他们家庭生活,则可以要求法院再次延期,但不超过三年。

第六百六十二条 有新继承人或有继承人被剥夺继承权的情况下分割遗产

1. 遗产已经分割却出现新的继承人的则不以实物再次分割遗产,但是已经收到遗产的这些继承人必须按分割继承时所继承的遗产相应的比例向新继承人支付相当于此人所继承的遗产的钱款,另有协商的情况除外。
2. 遗产已经分割而有继承人丧失继承权的情况下,则此人必须归还遗产或支付与其所获得的遗产价值相应的钱款给其他继承人,另有协商的情况除外。

第五编　适用于涉外民事关系的法律

第二十五章　一般规定

第六百六十三条　适用范围

1. 本部分规定了适用于涉外民事关系的法律。

其他法律有关于适用于涉外民事关系的规定，在不违反本法自第六百六十四条至第六百七十一条的规定的情况下，则可适用此法律，否则适用本法第五部分的相关规定。

2. 涉外民事关系即属于下列情况之一的民事关系：

(1)参加的各方至少有一方是国外的自然人、法人；

(2)参加的各方都是越南公民、越南法人，但是确立、变更、执行或终止关系行为发生在国外；

(3)参加的各方都是越南公民、越南法人，但是此民事关系的对象在国外。

第六百四十四条　适用于涉外民事关系法律的确定

1. 适用于涉外民事关系的法律依据越南社会主义共和国作为成员国的国际公约或越南法律来确定。

2. 越南社会主义共和国作为成员国的国际公约或越南法律规定各方有权选择的情况下，则适用于涉外民事关系的法律由各方选择确定。

3. 根据本条第一款和第二款规定无法确定适用法律的情况下，则适用的法律即为与此涉外民事关系具有最紧密关系的国家法律。

第六百六十五条　涉外民事关系适用的国际公约

1. 越南社会主义共和国作为成员国的国际公约有规定参与涉外民事关系的各方的权利和义务的情况下，则可适用此国际公约。
2. 越南社会主义共和国作为成员国的国际公约的规定有别于本部分规定和其他关于适用于涉外民事关系的法律规定的，则此国际公约的规定不得适用。

第六百六十六条　适用国际惯例

本法第六百六十四条第二款规定的情况下各方可选择国际惯例。如果运用国际惯例的后果违反了越南法律的基本原则，则适用越南法律。

第六百六十七条　适用外国法律

在适用外国法律时，如果理解方式不一致的情况下，则根据此国权力机关的解释进行适用。

第六百六十八条　可参照的法律范围

1. 可参照的法律包括关于确定适用法律的规定以及关于参与民事关系的各方的权利和义务的规定，本条第四款规定的情况除外。
2. 参照越南法律的情况下，则越南法律关于参与民事关系的各方的权利和义务的规定可适用。
3. 参照第三方国家法律的情况下，则第三方国家法律关于参与民事关系的各方的权利和义务的规定可适用。
4. 本法第六百六十四条第二款规定的情形中，各方选择的法律即关于参与民事关系各方的权利和义务规定，不包括关于确定法律适用的规定。

第六百六十九条　适用多法律系统国家的法律

参照多法律系统国家的法律的，则根据此国家规定的基本原则来确定法律的适用。

第六百七十条　国外法律不适用的情况

1. 下列情况不得参照国外的法律：

(1)采用国外法律的后果即违反了越南法律的基本原则；

(2)尽管已经根据诉讼法律的规定采取各项必要措施，仍不能确定国外法律的内容。

2. 根据本条第一款的规定不能适用国外法律的情况下则适用越南法律。

第六百七十一条　时效

涉外民事关系的时效根据此民事关系适用的法律来确定。

第二十六章　适用于自然人、法人的法律

第六百七十二条　适用于无国籍、多国籍人的法律确定依据

1. 被参照的法律是有国籍人的国家法律，但是这个人是无国籍人的，则适用法律为发生涉外民事关系时此人居住国的法律。如果在发生涉外民事关系时此人有多个住所或无法确定住所时，则适用的法律为与此人关系最紧密的居住国法律。

2. 被参照的法律是有国籍人的国家法律，但是此人是多国籍人的，则适用法律为发生涉外民事关系时此人有国籍的国家以及居住国的法律。如果在发生涉外民事关系时此人有多个住所或无法确定住所或住所与国籍不一致时，则适用法律为此人拥有国籍的国家以及与此人关系最紧密的国家的法律。

被参照的法律是有国籍人的国家法律，但是此人是多国籍人，其中有越南国籍的情况下，则适用法律为越南法律。

第六百七十三条　个人的民事权利能力

1. 个人的民事权利能力根据此人所拥有国籍的国家法律来确定。

2. 在越南的外国人具有与越南公民一样的民事权利能力，越南法律另有规定的情况除外。

第六百七十四条　个人的民事行为能力

1. 个人的民事行为能力根据此人所拥有国籍的国家法律来确定，除了本条第二款的规定。
2. 在越南确立、实行各项民事行为的外国人，其民事行为能力依据越南法律来确定。
3. 在越南确定个人失去民事行为能力，辨认、控制自身行为有困难的民事行为能力则以越南法律为依据。

第六百七十五条　确定个人失踪或死亡

1. 一个人失踪或死亡必须在有其最终消息前根据其所拥有国籍的国家法律来确定，本条第二款规定的情况除外。
2. 在越南一个人失踪或死亡应根据越南法律来确定。

第六百七十六条　法人

1. 法人的国籍根据法人成立地点所在国家的法律来确定。
2. 法人的民事权利能力，法人的称呼，法人的法定代表人，法人组织、重组、解散，法人与法人成员之间的关系，法人以及法人成员对于法人各项义务的责任根据法人所拥有国籍国家的法律来确定，本条第三款的规定除外。
3. 在越南确立、实施民事行为的外国法人，则其民事权利能力依据越南法律来确定。

第二十七章　适用于财产关系、人身关系的法律

第六百七十七条　财产分类

根据财产所在国家的法律来确定财产的动产、不动产分类。

第六百七十八条　财产所有权以及其他权利

1. 根据财产所在国家的法律来确定财产所有权以及其他权利的确立、实施、变更、终止事宜，本条第二款的规定除外。
2. 对于路上运输的动产所有权以及其他权利，根据财产被运输到达国家的法律来确定，另有协商的情况除外。

第六百七十九条　知识产权

知识产权根据被要求保护知识产权对象所在国的法律来确定。

第六百八十条　继承

1. 继承是根据留下遗产的人在死亡时所拥有国籍的国家法律来确定。
2. 对于不动产的继承权根据不动产所在国家的法律来确定。

第六百八十一条　遗嘱

1. 订立遗嘱、变更或撤销遗嘱的能力根据遗嘱人在订立、变更或撤销遗嘱时所拥有国籍的国家的法律来确定。
2. 遗嘱形式根据立遗嘱地点所在的国家的法律来确定。在越南，如果遗嘱形式符合下列国家中其中一个国家的法律都被承认：

(1)遗嘱人立遗嘱时或死亡时居住的国家；

(2)遗嘱人立遗嘱时或死亡时所拥有国籍的国家；

(3)如果继承遗产为不动产则不动产所在的国家。

第六百八十二条 监护

监护根据被监护人所居住的国家的法律来确定。

第六百八十三条 合同

1. 合同关系的各方可以协商选择合同适用法律,本条第四、五、六款规定的情况除外。各方没有协商选择合同适用法律的情况下,则采用与合同关系最紧密的国家的法律。
2. 下列国家的法律被视为与合同关系最紧密的国家法律:
   (1)对于产品买卖合同,如果卖方是个人,则个人居住的国家;如果卖方是法人,则法人成立的国家;
   (2)对于服务合同,如果提供服务方是个人,则个人居住国;如果提供服务方是法人,则法人成立的国家;
   (3)对于使用权或知识产权转让合同,如果受让人是个人,则个人居住的国家;如果受让人是法人,则法人成立的国家;
   (4)对于劳动合同,即劳动者常常执行工作的国家;如果劳动者常常在多个不同国家或无法确定劳动者长期执行工作的国家,则个人雇佣者居住国或法人雇佣者的法人成立的国家;
   (5)对于消费合同,即消费者居住的国家。
3. 能证明其他国家的法律比本条第二款中提到的法律与合同关系更紧密的情况下,则适用这个国家的法律。
4. 合同的对象为不动产的情况下,则对于转让不动产的所有权、其他权利,承租不动产或使用不动产以保障履行义务的适用法律即不动产所在国家的法律。
5. 由劳动合同、消费合同中的各方选择的法律影响到越南法律规定的劳动者、消费者的最低权利的情况下,则采用越南法律。
6. 各方可以协商更换合同的适用法律,但是更换法律不可影响到更换适用法律前第三方可享有的合法权益,第三方同意的情况除外。

7. 合同的形式根据合同的适用法律来确定。合同形式与此合同的适用法律规定的形式不符，但是符合订立合同地点所在国家的法律规定的合同形式的，则这种合同形式在越南可被承认。

第六百八十四条　单方法律行为

单方法律行为适用的法律即确立此行为的个人居住国或确立此行为的法人成立国法律。

第六百八十五条　因非法占有、使用财产和不当得利产生的归还义务

因非法占有、使用财产和不当得利产生的归还义务根据进行非法占有、使用财产或不当得利行为所在国的法律来确定。

第六百八十六条　无因管理

各方可以协商选择适用于无因管理的法律。没有协商的情况下则适用法律为无因管理地所在国家的法律。

第六百八十七条　赔偿合同外的侵权损失

1. 各方可以协商选择适用于赔偿合同外侵权损失的法律，本条第二款规定的情况除外。没有协商的情况下则采用损害事件发生地所在国家的法律。
2. 损害方以及受害方为个人的，其住所在同一国家，或为法人的，其成立地点在同一个国家，则适用这个国家的法律。

第六编　执行条款

第六百八十八条　过渡条款

1. 对于本法律生效之日前确定的民事行为，其适用的法律规定如下：

(1)尚未执行而其内容、形式有别于本法规定的民事行为，则交易主体继续根据第 33/2005/QH11 号《民法典》以及第 33/2005/QH11 号《民法典实施细则》的各项法律规范执行，实施民事行为的各方有关于修改、补充交易的内容、形式以符合本法并采用本法规定的协议除外；

正被执行而内容、形式有别于本法规定的民事行为，则运用第 33/2005/QH11 号《民法典》以及第 33/2005/QH11 号《民法典实施细则》的各项法律规范；

(2)尚未执行或正被执行而内容和形式符合本法规定的民事行为则运用本法的规定；

(3)于本法生效之日前执行完成却存在争议的民事行为则运用第 33/2005/QH11 号《民法典》以及第 33/2005/QH11 号《民法典实施细则》的各项法律规范来解决；

(4)诉讼时效根据本法规定适用。

2. 本法不适用于本法生效之日前法院已经根据原《民法典》解决的案件进行抗议以提起监督审、再审的程序。

第六百八十九条　执行效力

本法自 2017 年 1 月 1 日起生效。

第 33/2005/QH11 号《民法典》自本法生效之日起失效。

2015 年 11 月 24 日，本法已经由越南社会主义共和国第十三届国会第十次会议通过。

国会主席

阮生雄

条标目录

第一编　总则……………………………………………………（2）

第一章　通则　…………………………………………………（2）

第一条　调整范围　……………………………………………（2）

第二条　民事权利的承认、尊重、保障　……………（2）

第三条　民事法律的基本原则　…………………………（2）

第四条　《民法典》的适用　……………………………（3）

第五条　习惯的适用　…………………………………………（3）

第六条　相近法律的适用　…………………………………（3）

第七条　国家关于民事关系的政策　…………………（3）

第二章　民事权利的确立、行使与保护　………………（4）

第八条　民事权利确立的依据　…………………………（4）

第九条　民事权利的行使　…………………………………（4）

第十条　行使民事权利的限制　…………………………（4）

第十一条　民事权利的保护措施　……………………（5）

第十二条　自身民事权利的保护　……………………（5）

第十三条　赔偿损失　…………………………………………（5）

第十四条　通过职权机关保护民事权利　…………（5）

第十五条　职权机关、组织、个人的不合法个别决定之撤销　…………………………………………………………（6）

第三章　自然人　…………………………………………………（6）

第一节　自然人的民事权利能力与民事行为能力　……（6）

第十六条　自然人的民事权利能力　…………………（6）

第十七条　自然人民事权利能力的内容 …………（6）
第十八条　自然人的民事权利能力不受限制 ……（6）
第十九条　自然人的民事行为能力 ……………（6）
第二十条　成年人 ……………………………（7）
第二十一条　未成年人 ………………………（7）
第二十二条　失去民事行为能力 ……………（7）
第二十三条　辨认、控制自身行为有困难的民事行为能力人 ……………………………………（7）
第二十四条　限制民事行为能力 ……………（8）
第二节　人身权 ………………………………（8）
第二十五条　人身权 …………………………（8）
第二十六条　姓名权 …………………………（9）
第二十七条　姓氏变更权 ……………………（10）
第二十八条　名字变更权 ……………………（10）
第二十九条　确定、重新确定民族成分的权利 ……（11）
第三十条　出生登记、死亡登记权 …………（12）
第三十一条　国籍变更权 ……………………（12）
第三十二条　自然人肖像权 …………………（12）
第三十三条　生存权，生命、健康、身体安全保障权 ……………………………………（13）
第三十四条　名誉、人格、威信受保护的权利 ……（14）
第三十五条　人体细胞、器官的捐献、接收与遗体捐献、使用的权利 …………………………（14）
第三十六条　重新鉴定性别的权利 …………（15）
第三十七条　性别变更 ………………………（15）
第三十八条　关于个人生活隐私、个人秘密、家庭

秘密的权利 …………………………………………（15）
第三十九条　婚姻与家庭关系中的人身权 ………（16）
第三节　住所 ………………………………………（16）
第四十条　自然人住所 ……………………………（16）
第四十一条　未成年人的住所 ……………………（16）
第四十二条　被监护人的住所 ……………………（17）
第四十三条　夫妻的住所 …………………………（17）
第四十四条　军人的住所 …………………………（17）
第四十五条　流动工作从业人员的住所 …………（17）
第四节　监护 ………………………………………（17）
第四十六条　监护 …………………………………（17）
第四十七条　被监护人 ……………………………（18）
第四十八条　监护人 ………………………………（18）
第四十九条　自然人成为监护人的条件 …………（18）
第五十条　法人成为监护人的条件 ………………（19）
第五十一条　监护的监管 …………………………（19）
第五十二条　未成年人的当然监护人 ……………（20）
第五十三条　失去民事行为能力人的当然
监护人 ………………………………………………（20）
第五十四条　监护人的推举、指定 ………………（21）
第五十五条　监护人对未满十五周岁被监护人的
监护义务 ……………………………………………（21）
第五十六条　监护人对十五周岁至十八周岁的
被监护人的监护义务 ………………………………（21）
第五十七条　监护人对失去民事行为能力人、辨认
和控制自身行为有困难的民事行为能力人的监护

义务 ………………………………………………（22）
第五十八条 监护人的权利 …………………………（22）
第五十九条 被监护人财产的管理 ………………（22）
第六十条 监护人的变更 …………………………（23）
第六十一条 监护移交 ……………………………（23）
第六十二条 监护的终止 …………………………（24）
第六十三条 监护终止的后果 ……………………（24）
第五节 寻人通告，宣告失踪，宣告死亡 ………………（25）
第六十四条 申请对离开住所人员发布寻人通告
及离开住所人员财产的管理 ……………………（25）
第六十五条 离开住所人员财产的管理 …………（25）
第六十六条 离开住所人员财产管理人的义务 …（25）
第六十七条 离开住所人员财产管理人的权利 …（26）
第六十八条 宣告失踪 ……………………………（26）
第六十九条 被宣告失踪人财产的管理 …………（26）
第七十条 宣告失踪的撤销 ………………………（27）
第七十一条 宣告死亡 ……………………………（27）
第七十二条 被宣告死亡人的人身关系与财产
关系 ……………………………………………（28）
第七十三条 宣告死亡的撤销 ……………………（28）
第四章 法人 ………………………………………………（29）
第七十四条 法人 …………………………………（29）
第七十五条 商业法人 ……………………………（29）
第七十六条 非商业法人 …………………………（29）
第七十七条 法人章程 ……………………………（30）
第七十八条 法人名称 ……………………………（30）

第七十九条　法人住所地 ……………………………… (30)
第八十条　法人国籍 ………………………………… (31)
第八十一条　法人财产 ……………………………… (31)
第八十二条　法人的成立、登记 …………………… (31)
第八十三条　法人的组织机构 ……………………… (31)
第八十四条　法人的其他住所地、办公室 ………… (31)
第八十五条　法人代表 ……………………………… (32)
第八十六条　法人的民事权利能力 ………………… (32)
第八十七条　法人的民事责任 ……………………… (32)
第八十八条　法人新设合并 ………………………… (32)
第八十九条　法人吸收合并 ………………………… (33)
第九十条　法人新设分立 …………………………… (33)
第九十一条　法人派生分立 ………………………… (33)
第九十二条　法人变更形式 ………………………… (33)
第九十三条　法人解散 ……………………………… (33)
第九十四条　解散法人的财产清算 ………………… (33)
第九十五条　法人破产 ……………………………… (34)
第九十六条　法人归于消灭 ………………………… (34)
第五章　民事关系中的越南社会主义共和国政府、中央及地方国家机关 ……………………………………… (35)
第九十七条　民事关系中的越南社会主义共和国政府、中央及地方国家机关 …………………… (35)
第九十八条　民事关系参与代表 …………………… (35)
第九十九条　民事义务的责任 ……………………… (35)
第一百条　在与外国政府、法人、自然人的民事关系中，越南社会主义共和国政府、中央及地方国家

机关的民事义务责任 ……………………………… （36）
第六章 家庭户、合作组与其他在民事关系中不具有法人资格的组织 …………………………………………… （36）
第一百零一条 家庭户、合作组、其他不具有法人资格组织所参与的民事关系的主体 ……………（36）
第一百零二条 家庭户、合作组、其他不具有法人资格组织中的各成员的共同财产 ………………（37）
第一百零三条 家庭户、合作组、其他不具有法人资格组织中的各成员的民事责任 ………………（37）
第一百零四条 无代表权成员、超出获授权范围成员确立、实施民事行为的法律后果 ……………（38）
第七章 财产 ……………………………………………… （38）
第一百零五条 财产 …………………………………（38）
第一百零六条 财产登记 ……………………………（38）
第一百零七条 不动产与动产 ………………………（38）
第一百零八条 现有财产或未来财产 ………………（39）
第一百零九条 孳息、收益 …………………………（39）
第一百一十条 主要物与辅助物 ……………………（39）
第一百一十一条 可分离物品与不可分离物品 …（39）
第一百一十二条 易耗品与非易耗品 ……………（39）
第一百一十三条 种类物与特定物 ………………（40）
第一百一十四条 配套物 …………………………（40）
第一百一十五条 财产权 …………………………（40）
第八章 民事行为 ………………………………………（40）
第一百一十六条 民事行为 ………………………（40）
第一百一十七条 民事行为的有效条件 …………（40）

第一百一十八条　民事行为的目的 ……………… (41)
第一百一十九条　民事行为的形式 ……………… (41)
第一百二十条　条件型民事行为 ………………… (41)
第一百二十一条　民事行为的解释 ……………… (41)
第一百二十二条　民事行为无效 ………………… (42)
第一百二十三条　违反法律规定、社会道德的民事行为无效 …………………………………… (42)
第一百二十四条　伪造的民事行为无效 ………… (42)
第一百二十五条　未成年人,无民事行为能力人,辨认、控制自身行为有困难的民事行为能力人,限制民事行为能力人所确立、实施的民事行为无效 ………………………………………… (42)
第一百二十六条　错误的民事行为无效 ………… (43)
第一百二十七条　受欺骗、威胁、强迫而参与的民事行为无效 …………………………………… (43)
第一百二十八条　民事行为能力人在无法辨认、控制自身行为时,所确立的民事行为无效 ……… (44)
第一百二十九条　不符合形式要件规定的民事行为无效 ………………………………………… (44)
第一百三十条　部分民事行为无效 ……………… (44)
第一百三十一条　无效民事行为的法律后果 …… (44)
第一百三十二条　申请法院判决民事行为无效的期限 ………………………………………… (45)
第一百三十三条　无效民事行为中的善意第三方权利受法律保护 ……………………………… (45)

第九章 代理 …………………………………………（46）
第一百三十四条 代理 ……………………………………（46）
第一百三十五条 代理权确立的依据 ……………………（46）
第一百三十六条 自然人的法定代理人 …………………（47）
第一百三十七条 法人的法定代表人 ……………………（47）
第一百三十八条 委托代理人 ……………………………（47）
第一百三十九条 代理行为的法律后果 …………………（47）
第一百四十条 代理期限 …………………………………（48）
第一百四十一条 代理范围 ………………………………（49）
第一百四十二条 无代理权人确立、实施民事行为的后果 ……………………………………………（49）
第一百四十三条 代理人超出代理范围而确立、实施的民事行为的后果 ……………………………（50）
第十章 期间和时效 …………………………………（51）
第一节 期间 ………………………………………………（51）
第一百四十四条 期间 ……………………………………（51）
第一百四十五条 期间计算方法的适用 …………………（51）
第一百四十六条 期间计算时点的规定 …………………（51）
第一百四十七条 期间的起始时间 ………………………（52）
第一百四十八条 期间的结束时间 ………………………（52）
第二节 时效 ………………………………………………（53）
第一百四十九条 时效 ……………………………………（53）
第一百五十条 各种时效 …………………………………（53）
第一百五十一条 时效的计算方法 ………………………（54）
第一百五十二条 享有民事权利、免除民事义务时效的效力 ………………………………………（54）

第一百五十三条 享有民事权利、免除民事义务时效的连续性 …………………………………（54）
第一百五十四条 民事案件诉讼时效与要求解决民事事务时效的开始时间 ………………（54）
第一百五十五条 不适用诉讼时效的情形 ………（55）
第一百五十六条 不计入民事案件诉讼时效与要求解决民事事务时效的时间 ……………（55）
第一百五十七条 民事案件诉讼时效的重新计算 …………………………………………（56）

第二编 财产所有权和其他权利…………………（57）

第十一章 一般规定 ……………………………（57）
第一节 财产所有权和其他权利确立、行使的原则 ……（57）
第一百五十八条 所有权 ………………………（57）
第一百五十九条 财产的其他权利 ……………（57）
第一百六十条 财产所有权和其他权利确立、行使的原则 …………………………………（57）
第一百六十一条 财产所有权、其他权利的确立时间 …………………………………………（58）
第一百六十二条 承担财产风险 ………………（58）
第二节 财产所有权、其他权利的保护 ……………（58）
第一百六十三条 财产所有权和其他权利的保护 …………………………………………（58）
第一百六十四条 财产所有权和其他权利的保护措施 …………………………………………（58）
第一百六十五条 合法占有 ……………………（59）

第一百六十六条 要求退还财产权 ……………… (59)
第一百六十七条 要求善意占有人退还无需所有权登记的动产权 ……………………………… (59)
第一百六十八条 向善意占有人索回需要所有权登记的动产与不动产的权利 ………………… (60)
第一百六十九条 要求停止非法干涉自身财产所有权、其他权利行为的权利 ……………… (60)
第一百七十条 要求赔偿损失的权利 …………… (60)
第三节 财产所有权、其他权利的限制 …………… (60)
第一百七十一条 财产所有人、财产其他权利的主体在紧急避险情况下的权利与义务 ……………… (60)
第一百七十二条 环境保护义务 ………………… (61)
第一百七十三条 尊重、保障社会秩序、安全的义务 ……………………………………… (61)
第一百七十四条 尊重建筑规则的义务 ………… (61)
第一百七十五条 不动产的分界 ………………… (61)
第一百七十六条 不动产的分界界标 …………… (61)
第一百七十七条 在植物、建筑可能造成危险的情况下，有保障相邻或周围不动产所有人安全的义务 ……………………………………… (62)
第一百七十八条 相邻不动产的门窗开凿 ……… (63)
第十二章 占有 ……………………………………… (63)
第一百七十九条 占有的概念 ………………… (63)
第一百八十条 善意占有 ……………………… (63)
第一百八十一条 恶意占有 ……………………… (63)
第一百八十二条 连续占有 ……………………… (63)

第一百八十三条 公开占有 ……………………… (64)
第一百八十四条 占有人情况与权利的推定 …… (64)
第一百八十五条 占有保护 ……………………… (64)
第十三章 所有权 ……………………………… (65)
第一节 所有权内容 ………………………………… (65)
第一小节 占有权 …………………………………… (65)
第一百八十六条 所有权人的占有权 …………… (65)
第一百八十七条 经所有权人授权管理财产者的占有权 ……………………………………………… (65)
第一百八十八条 通过民事行为受领财产者的占有权 ……………………………………………… (65)
第二小节 使用权 …………………………………… (66)
第一百八十九条 使用权 ………………………… (66)
第一百九十条 所有权人的使用权 ……………… (66)
第一百九十一条 非所有权人的使用权 ………… (66)
第三小节 处分权 …………………………………… (66)
第一百九十二条 处分权 ………………………… (66)
第一百九十三条 行使处分权的条件 …………… (66)
第一百九十四条 所有权人的处分权 …………… (66)
第一百九十五条 非所有权人的处分权 ………… (66)
第一百九十六条 处分权的限制 ………………… (67)
第二节 所有权形式 ………………………………… (67)
第一小节 全民所有 ………………………………… (67)
第一百九十七 属于全民所有的财产 …………… (67)
第一百九十八条 全民所有财产所有权的行使 …(67)
第一百九十九条 全民所有财产的管理、使用和

处分 ……………………………………………………（67）
第二百条 对投资于企业的财产行使全民所有权 ……………………………………………………（67）
第二百零一条 对拨付给国家机关、人民武装部队的财产行使全民所有权 ………………………（68）
第二百零二条 对拨付给政治组织、政治-社会组织、社会行业政治组织、社会组织、社会-行业组织的财产行使全民所有权 ………………（68）
第二百零三条 自然人、法人使用和经营全民所有财产的权利 …………………………………（68）
第二百零四条 未交付给自然人、法人管理的全民所有的财产 …………………………………（68）
第二小节 私有 ……………………………………………（69）
第二百零五条 私有和私有财产 …………………（69）
第二百零六条 私有财产的占有、使用和处分 ……（69）
第三小节 共有 ……………………………………………（69）
第二百零七条 共同所有和各类共同所有 ………（69）
第二百零八条 共同所有权的确立 ………………（69）
第二百零九条 按份共有 ……………………………（69）
第二百一十条 共同共有 ……………………………（69）
第二百一十一条 团体的共有 ………………………（70）
第二百一十二条 家庭成员的共有 …………………（70）
第二百一十三条 夫妻共有 …………………………（70）
第二百一十四条 共同居住的房屋的共同所有 …（71）
第二百一十五条 混合共有 …………………………（71）
第二百一十六条 共有财产的管理 …………………（71）

第二百一十七条　共有财产的使用 ……………… (71)
第二百一十八条　共有财产的处分 ……………… (72)
第二百一十九条　共有财产的分割 ……………… (72)
第二百二十条　共有的终止 ……………………… (73)
第三节　所有权的取得和消灭 …………………… (73)
第一小节　所有权的取得 ………………………… (73)
第二百二十一条　取得所有权的依据 …………… (73)
第二百二十二条　对劳动收入、合法生产经营活动收入、发明创造活动产生的知识产权取得所有权 ………………………………………… (74)
第二百二十三条　依合同取得所有权 …………… (74)
第二百二十四条　对孳息、收益取得所有权 ……… (74)
第二百二十五条　合并时所有权的取得 ………… (74)
第二百二十六条　混合所有权的取得 …………… (75)
第二百二十七条　加工过程中所有权的取得 …… (76)
第二百二十八条　对无主财产、所有人不明财产取得所有权 ………………………………………… (76)
第二百二十九条　被发现的埋藏物、沉没物所有权的确定 …………………………………… (77)
第二百三十条　被他人遗落、遗忘财产的所有权的确定 ……………………………………… (77)
第二百三十一条　走失家畜所有权的确定 ……… (78)
第二百三十二条　走失家禽所有权的确定 ……… (78)
第二百三十三条　对水中养殖物所有权的确定 … (78)
第二百三十四条　继承所有权的取得 …………… (79)
第二百三十五条　依法院的判决和其他有权国家

机关的决定取得所有权 ……………………（79）
第二百三十六条　按时效取得无法律根据占有
财产、获取收益的所有权 ……………………（79）
第二小节　所有权的消灭 ……………………（79）
第二百三十七条　所有权消灭的依据 ……………（79）
第二百三十八条　所有权人将自己的所有权转移给
他人 ……………………………………………（80）
第二百三十九条　抛弃所有权 ……………………（80）
第二百四十条　财产的所有权已经确定给他人 …（80）
第二百四十一条　为履行所有人的义务而处理其
财产 ……………………………………………（80）
第二百四十二条　财产已经被消费或被销毁 ……（81）
第二百四十三条　财产被征购 ……………………（81）
第二百四十四条　财产被没收 ……………………（81）
第十四章　其他财产权利 ……………………（81）
第一节　相邻不动产权 ……………………………（81）
第二百四十五条　相邻不动产权 …………………（81）
第二百四十六条　确定相邻不动产权的依据 ……（81）
第二百四十七条　相邻不动产权的效力 …………（81）
第二百四十八条　行使相邻不动产权的原则 ……（81）
第二百四十九条　行使相邻不动产权事项的
变更 ……………………………………………（82）
第二百五十条　雨水排放工作中所有者的义务 …（82）
第二百五十一条　废水排放工作中所有者的
义务 ……………………………………………（82）
第二百五十二条　经过相邻不动产的供水、

排水权 …………………………………………（82）
第二百五十三条 耕作时的浇水、灌溉权 ………（82）
第二百五十四条 通道权 ……………………………（83）
第二百五十五条 通过其他不动产悬挂电力传输、
通信联络线路 ………………………………………（83）
第二百五十六条 消灭相邻不动产权 …………（83）
第二节 用益权 …………………………………………（84）
第二百五十七条 用益权 ……………………………（84）
第二百五十八条 用益权的确立依据 …………（84）
第二百五十九条 用益权的效力 ………………（84）
第二百六十条 用益权的期限 ……………………（84）
第二百六十一条 用益权人的权利 ……………（84）
第二百六十二条 用益权人的义务 ……………（85）
第二百六十三条 财产所有者的权利和义务 ……（85）
第二百六十四条 享有收益、收入的权利 ………（85）
第二百六十五条 用益权消灭 ……………………（85）
第二百六十六条 当用益权消灭时财产的归还 …（86）
第三节 地上权 …………………………………………（86）
第二百六十七条 地上权 ……………………………（86）
第二百六十八条 地上权的确立依据 …………（86）
第二百六十九条 地上权的效力 ………………（86）
第二百七十条 地上权期限 ………………………（86）
第二百七十一条 地上权内容 ……………………（87）
第二百七十二条 地上权消灭 ……………………（87）
第二百七十三条 当地上权被消灭时的财产
处理 ……………………………………………………（87）

第三编　义务与合同 …………………………………………（88）
第十五章　一般规定 ……………………………………………（88）
第一节　义务产生的依据及对象 ……………………………（88）
第二百七十四条　义务 ……………………………………（88）
第二百七十五条　义务产生的依据 ………………………（88）
第二百七十六条　义务的对象 ……………………………（88）
第二节　履行义务 ……………………………………………（89）
第二百七十七条　履行义务的地点 ………………………（89）
第二百七十八条　履行义务的期限 ………………………（89）
第二百七十九条　履行交付义务 …………………………（89）
第二百八十条　履行金钱支付义务 ………………………（90）
第二百八十一条　必须执行或不可执行某事项的义务 ……………………………………………………（90）
第二百八十二条　定期履行义务 …………………………（90）
第二百八十三条　通过第三方履行义务 …………………（90）
第二百八十四条　履行有条件的义务 ……………………（90）
第二百八十五条　随意选择对象履行义务 ………………（90）
第二百八十六条　履行可替换的义务 ……………………（91）
第二百八十七条　履行单独的义务 ………………………（91）
第二百八十八条　履行连带义务 …………………………（91）
第二百八十九条　针对有连带权的多人履行义务 ……………………………………………………（91）
第二百九十条　履行可划分的义务 ………………………（92）
第二百九十一条　履行无法划分的义务 …………………（92）

第三节 履行义务的担保 ……………………………… (92)
第一小节 一般规定 ……………………………… (92)
第二百九十二条 履行义务的担保措施 ………… (92)
第二百九十三条 获得担保的义务范围 ………… (93)
第二百九十四条 担保履行未来的义务 ………… (93)
第二百九十五条 担保财产 ……………………… (93)
第二百九十六条 一项财产用于担保履行多项义务 …………………………………………… (93)
第二百九十七条 对抗第三方的效力 ………… (94)
第二百九十八条 担保措施登记 ……………… (94)
第二百九十九条 处分担保财产的各种情况 …… (94)
第三百条 通知关于担保财产的处分事宜 ……… (94)
第三百零一条 交出财产以作处分 …………… (95)
第三百零二条 取回担保财产的权利 ………… (95)
第三百零三条 质押、抵押财产的处分方式 ……… (95)
第三百零四条 出售质押、抵押财产 …………… (96)
第三百零五条 取得担保财产作为担保人履行其担保义务 ………………………………………… (96)
第三百零六条 担保财产的价值评估 ………… (96)
第三百零七条 从处分质押、抵押财产获得的钱款中受偿 ……………………………………… (97)
第三百零八条 各方担保权人之间的受偿优先次序 …………………………………………… (97)
第二小节 财产质押 …………………………… (98)
第三百零九条 财产质押 ……………………… (98)
第三百一十条 质押财产的效力 ……………… (98)

第三百一十一条 质押人的义务 ………………… (98)
第三百一十二条 质押人的权利 ………………… (98)
第三百一十三条 质押权人的义务 ……………… (99)
第三百一十四条 质押权人的权利 ……………… (99)
第三百一十五条 终止财产质押 ………………… (99)
第三百一十六条 归还质押财产 ………………… (99)
第三小节 财产抵押 ……………………………… (100)
第三百一十七条 财产抵押 ……………………… (100)
第三百一十八条 抵押财产 ……………………… (100)
第三百一十九条 财产抵押的效力 ……………… (100)
第三百二十条 抵押人的义务 …………………… (101)
第三百二十一条 抵押人的权利 ………………… (101)
第三百二十二条 抵押权人的义务 ……………… (102)
第三百二十三条 抵押权人的权利 ……………… (102)
第三百二十四条 持有抵押财产的第三方的权利和义务 …………………………………… (103)
第三百二十五条 抵押土地使用权而没抵押土地附属资产 ………………………………… (103)
第三百二十六条 抵押土地附属资产而没抵押土地使用权 ………………………………… (103)
第三百二十七条 终止财产抵押 ………………… (104)
第四小节 定金、保证金、押金 ………………… (104)
第三百二十八条 定金 …………………………… (104)
第三百二十九条 押金 …………………………… (104)
第三百三十条 保证金 …………………………… (105)

第五小节 保留所有权 ……………………………… (105)
第三百三十一条 保留所有权 …………………… (105)
第三百三十二条 追回财物权 …………………… (105)
第三百三十三条 买方的权利和义务 …………… (105)
第三百三十四条 保留所有权消灭 ……………… (105)
第六小节 保证 ……………………………………… (106)
第三百三十五条 保证 …………………………… (106)
第三百三十六条 保证范围 ……………………… (106)
第三百三十七条 报酬 …………………………… (106)
第三百三十八条 多人保证 ……………………… (106)
第三百三十九条 保证人与受保证人之间的关系 ………………………………………… (107)
第三百四十条 保证人的请求权 ………………… (107)
第三百四十一条 保证义务的免除 ……………… (107)
第三百四十二条 保证人的民事责任 …………… (107)
第三百四十三条 终止保证 ……………………… (108)
第七小节 信用担保 ………………………………… (108)
第三百四十四条 政治-社会组织的信用担保 …… (108)
第三百四十五条 信用担保的方式、内容 ………… (108)
第八小节 留置财产 ………………………………… (108)
第三百四十六条 留置财产 ……………………… (108)
第三百四十七条 留置财产的成立 ……………… (108)
第三百四十八条 留置权人的权利 ……………… (109)
第三百四十九条 留置权人的义务 ……………… (109)
第三百五十条 留置权消灭 ……………………… (109)

第四节 民事责任 …………………………………………… (109)
第三百五十一条 违反义务的民事责任 ………… (109)
第三百五十二条 继续履行义务的责任 ………… (110)
第三百五十三条 逾期履行义务 ………………… (110)
第三百五十四条 暂缓履行义务 ………………… (110)
第三百五十五条 延迟接受履行义务 …………… (110)
第三百五十六条 因没有履行交付义务的责任 … (111)
第三百五十七条 因逾期履行付款义务的责任 … (111)
第三百五十八条 因不执行某项工作义务或实施
某项不得执行工作的责任 …………………… (111)
第三百五十九条 延迟接受履行义务的责任 …… (111)
第三百六十条 因违反义务造成损失的赔偿
责任 ……………………………………………… (112)
第三百六十一条 因违反义务造成的损失 ……… (112)
第三百六十二条 阻止、限制损失的义务 ………… (112)
第三百六十三条 受害方有过错情况下损失的
赔偿 ……………………………………………… (112)
第三百六十四条 民事责任中的过错 …………… (112)
第五节 转让请求权和转让义务 ………………… (112)
第三百六十五条 转让请求权 …………………… (112)
第三百六十六条 提供信息和转交文件的义务 … (113)
第三百六十七条 无需承担转让请求权后的
责任 ……………………………………………… (113)
第三百六十八条 转让有担保履行义务措施的
请求权 …………………………………………… (113)
第三百六十九条 义务方的拒绝权 ……………… (113)

第三百七十条 转让义务 …………………… (114)
第三百七十一条 转交有担保措施的义务 ……… (114)
第六节 终止义务 ………………………………… (114)
第三百七十二条 终止义务的根据 ……………… (114)
第三百七十三条 完成义务 ……………………… (115)
第三百七十四条 权利方延迟接受义务对象的情况下完成义务 ……………………………… (115)
第三百七十五条 根据协议终止义务 ………… (115)
第三百七十六条 因被免除履行义务而义务终止 ……………………………………… (115)
第三百七十七条 因被其他义务代替的义务终止 ……………………………………… (115)
第三百七十八条 因义务抵消而义务终止 ……… (115)
第三百七十九条 不予以抵消义务的情形 ……… (116)
第三百八十条 因义务方和权利方合体的义务终止 ……………………………………… (116)
第三百八十一条 因过了义务时效的义务终止 … (116)
第三百八十二条 权利方是已经死亡的自然人或不复存在的法人的义务终止 ………………… (116)
第三百八十三条 当特定物品灭失时的义务终止 ……………………………………… (116)
第三百八十四条 破产的情况下的义务终止 …… (116)
第七节 合同 ……………………………………… (116)
第一小节 订立合同 …………………………… (116)
第三百八十五条 合同概念 …………………… (116)
第三百八十六条 要约 ………………………… (117)

第三百八十七条 订立合同中的信息 …………… (117)
第三百八十八条 要约生效时间 ………………… (117)
第三百八十九条 变更、撤回要约 ………………… (117)
第三百九十条 撤销要约 ……………………… (118)
第三百九十一条 终止要约 …………………… (118)
第三百九十二条 由受要约方提出修改要约 …… (118)
第三百九十三条 承诺 ………………………… (118)
第三百九十四条 承诺期限 …………………… (118)
第三百九十五条 要约人死亡、失去民事行为能力或成为辨认、控制自身行为有困难的民事行为能力人 ………………………………… (119)
第三百九十六条 承诺方死亡、失去民事行为能力或成为辨认、控制自身行为有困难的民事行为能力人 ………………………………… (119)
第三百九十七条 撤回承诺通知 ……………… (119)
第三百九十八条 合同内容 …………………… (119)
第三百九十九条 合同订立的地点 …………… (120)
第四百条 订立合同的时间 …………………… (120)
第四百零一条 合同的效力 …………………… (120)
第四百零二条 各种主要合同 ………………… (120)
第四百零三条 合同附录 ……………………… (121)
第四百零四条 解释合同 ……………………… (121)
第四百零五条 格式合同 ……………………… (122)
第四百零六条 合同中的一般交易条件 ……… (122)
第四百零七条 无效合同 ……………………… (123)
第四百零八条 因合同标的无法执行而致合同

无效 …………………………………………… (123)
第二小节 履行合同 ………………………………… (123)
第四百零九条 履行单务合同 …………………… (123)
第四百一十条 履行双务合同 …………………… (123)
第四百一十一条 双务合同义务的暂缓履行权 … (124)
第四百一十二条 留置双务合同中的财产 ……… (124)
第四百一十三条 因一方过错而无法履行义务 … (124)
第四百一十四条 无法履行义务但不是因为
某一方的过错造成的 ……………………… (124)
第四百一十五条 履行涉及第三方利益的合同 … (124)
第四百一十六条 第三方的拒绝权 ……………… (124)
第四百一十七条 不得修改或撤销涉及第三方
利益的合同 ………………………………… (125)
第四百一十八条 违约处罚约定 ………………… (125)
第四百一十九条 违约赔偿损失 ………………… (125)
第四百二十条 情势变更时合同的履行 ………… (126)
第三小节 修订、终止合同 ………………………… (126)
第四百二十一条 修订合同 ……………………… (126)
第四百二十二条 终止合同 ……………………… (127)
第四百二十三条 撤销合同 ……………………… (127)
第四百二十四条 因延迟履行义务而撤销合同 … (127)
第四百二十五条 因没有能力履行而撤销合同 … (128)
第四百二十六条 财产被遗失、损坏的情况下撤销
合同 ………………………………………… (128)
第四百二十七条 撤销合同的后果 ……………… (128)
第四百二十八条 单方终止履行合同 …………… (129)

第四百二十九条 关于合同的诉讼时效 …………（129）
第十六章 一些通用合同 ……………………………（129）
第一节 财产买卖合同 ……………………………（129）
第四百三十条 财产买卖合同 ……………………（129）
第四百三十一条 买卖合同的标的物 ……………（130）
第四百三十二条 交易财产的质量 ………………（130）
第四百三十三条 价格和结算方式 ………………（130）
第四百三十四条 买卖合同履行期限 ……………（131）
第四百三十五条 财产交接地点 …………………（131）
第四百三十六条 财产交接方式 …………………（131）
第四百三十七条 因所交付财产数量不正确的
责任 ……………………………………………（131）
第四百三十八条 因交付物品部件不同步的
责任 ……………………………………………（132）
第四百三十九条 所交付财产种类不符的责任 …（132）
第四百四十条 付款义务 …………………………（132）
第四百四十一条 承担风险时间 …………………（133）
第四百四十二条 运输费用和所有权转让相关
费用 ……………………………………………（133）
第四百四十三条 提供信息和使用说明的义务 …（133）
第四百四十四条 保障买方对于交易财产的
所有权 …………………………………………（134）
第四百四十五条 保证交易物品的质量 …………（134）
第四百四十六条 保修义务 ………………………（134）
第四百四十七条 要求保修的权利 ………………（135）
第四百四十八条 保修期内产品的维修 …………（135）

第四百四十九条 保修期内赔偿损失 ……………(135)
第四百五十条 买卖财产权 ……………………(135)
第四百五十一条 拍卖财产 ……………………(135)
第四百五十二条 试用后购买 …………………(136)
第四百五十三条 延期、分期付款购买 …………(136)
第四百五十四条 赎回已经出售的财产 …………(137)
第二节 财产交换合同 ……………………………(137)
第四百五十五条 财产交换合同 ………………(137)
第四百五十六条 支付差价 ……………………(137)
第三节 财产赠与合同 ……………………………(138)
第四百五十七条 财产赠与合同 ………………(138)
第四百五十八条 赠与动产 ……………………(138)
第四百五十九条 赠与不动产 …………………(138)
第四百六十条 故意赠与不属于自己所有财产的责任 ……………………………………(138)
第四百六十一条 告知赠与财产的缺陷 …………(138)
第四百六十二条 附条件的财产赠与 ……………(139)
第四节 财产借贷合同 ……………………………(139)
第四百六十三条 财产借贷合同 ………………(139)
第四百六十四条 借贷财产的所有权 ……………(139)
第四百六十五条 贷方的义务 …………………(139)
第四百六十六条 借方的还债义务 ……………(139)
第四百六十七条 使用借贷财产 ………………(140)
第四百六十八条 利率 …………………………(140)
第四百六十九条 履行无期间借贷合同 …………(141)
第四百七十条 履行有期贷款合同 ……………(141)

第四百七十一条 互助式集资 ……………………（141）
第五节 财产租赁合同 ……………………………（142）
第一小节 财产租赁合同总则 ……………………（142）
第四百七十二条 财产租赁合同 ………………（142）
第四百七十三条 租金 ……………………………（142）
第四百七十四条 租赁期限 ………………………（142）
第四百七十五条 转租 ……………………………（142）
第四百七十六条 交付租赁财产 …………………（142）
第四百七十七条 确保租赁财产使用价值的
义务 ……………………………………………（143）
第四百七十八条 确保承租方财产使用权的
义务 ……………………………………………（143）
第四百七十九条 保管租赁财产的义务 ………（143）
第四百八十条 正确使用租赁财产的义务 ………（144）
第四百八十一条 支付租金 ………………………（144）
第四百八十二条 归还租赁财产 …………………（144）
第二小节 财产承包合同 ……………………………（145）
第四百八十三条 财产承包合同 …………………（145）
第四百八十四条 承包合同的对象 ………………（145）
第四百八十五条 承包期间 ………………………（145）
第四百八十六条 承包金 …………………………（145）
第四百八十七条 交付承包财产 …………………（145）
第四百八十八条 支付承包金以及支付方式 ……（145）
第四百八十九条 开发承包财产 …………………（146）
第四百九十条 保管、保养、处置承包财产 ………（146）
第四百九十一条 承包家畜享受收益并承担

损失 ………………………………………………… (147)
第四百九十二条 单方终止履行承包合同 ……… (147)
第四百九十三条 归还承包财产 ………………… (147)
第六节 财产借用合同 ………………………………… (147)
第四百九十四条 财产借用合同 ………………… (147)
第四百九十五条 财产借用合同的标的物 ……… (147)
第四百九十六条 财产借用方的义务 …………… (148)
第四百九十七条 财产借用方的权利 …………… (148)
第四百九十八条 财产出借方的义务 …………… (148)
第四百九十九条 财产出借方的权利 …………… (148)
第七节 关于土地使用权的合同 ……………………… (149)
第五百条 关于土地使用权的合同 ……………… (149)
第五百零一条 土地使用权合同的内容 ………… (149)
第五百零二条 履行土地使用权合同的形式、
手续 ………………………………………………… (149)
第五百零三条 转让土地使用权的效力 ………… (149)
第八节 合作合同 ……………………………………… (149)
第五百零四条 合作合同 ………………………… (149)
第五百零五条 合作合同的内容 ………………… (150)
第五百零六条 各合作成员的共有财产 ………… (150)
第五百零七条 合作成员的权利、义务 ………… (150)
第五百零八条 确立、实施民事行为 …………… (151)
第五百零九条 合作成员的民事责任 …………… (151)
第五百一十条 撤出合作合同 …………………… (151)
第五百一十一条 加入合作合同 ………………… (152)
第五百一十二条 终止合作合同 ………………… (152)

第九节 服务合同 …………………………………………… (152)
第五百一十三条 服务合同 ………………………… (152)
第五百一十四条 服务合同的标的 ………………… (152)
第五百一十五条 接受服务方的义务 ……………… (152)
第五百一十六条 接受服务方的权利 ……………… (153)
第五百一十七条 提供服务方的义务 ……………… (153)
第五百一十八条 提供服务方的权利 ……………… (153)
第五百一十九条 支付服务费用 …………………… (153)
第五百二十条 单方终止履行服务合同 …………… (154)
第五百二十一条 继续服务合同 …………………… (154)
第十节 运输合同 …………………………………………… (154)
第一小节 旅客运输合同 ………………………………… (154)
第五百二十二条 旅客运输合同 …………………… (154)
第五百二十三条 旅客运输合同的形式 …………… (154)
第五百二十四条 承运人的义务 …………………… (155)
第五百二十五条 承运人的权利 …………………… (155)
第五百二十六条 旅客的义务 ……………………… (155)
第五百二十七条 旅客的权利 ……………………… (156)
第五百二十八条 赔偿损失的责任 ………………… (156)
第五百二十九条 单方终止履行旅客运输合同 … (156)
第二小节 财产运输合同 ………………………………… (157)
第五百三十条 财产运输合同 ……………………… (157)
第五百三十一条 财产运输合同的形式 …………… (157)
第五百三十二条 交付财产给承运人 ……………… (157)
第五百三十三条 运输费用 ………………………… (157)
第五百三十四条 承运人的义务 …………………… (157)

第五百三十五条 承运人的权利 …………………… (158)
第五百三十六条 托运人的义务 …………………… (158)
第五百三十七条 托运人的权利 …………………… (158)
第五百三十八条 交付财产给财产接收人 ……… (158)
第五百三十九条 财产接收人的义务 …………… (159)
第五百四十条 财产接收人的权利 …………… (159)
第五百四十一条 赔偿损失的责任 …………… (159)
第十一节 加工合同 ………………………………… (160)
第五百四十二条 加工合同 ……………………… (160)
第五百四十三条 加工合同的标的物 …………… (160)
第五百四十四条 定作人的义务 …………………… (160)
第五百四十五条 定作人的权利 …………………… (160)
第五百四十六条 承揽加工人的义务 …………… (160)
第五百四十七条 承揽加工人的权利 …………… (161)
第五百四十八条 承担风险责任 …………………… (161)
第五百四十九条 交付、接收加工产品 …………… (161)
第五百五十条 延迟交付、接收加工产品 ………… (161)
第五百五十一条 单方终止履行加工合同 ……… (162)
第五百五十二条 支付加工费 …………………… (162)
第五百五十三条 清理原材料 …………………… (162)
第十二节 财产寄存合同 ………………………… (162)
第五百五十四条 财产寄存合同 …………………… (162)
第五百五十五条 财产寄存人的义务 …………… (163)
第五百五十六条 财产寄存人的权利 …………… (163)
第五百五十七条 财产保管人的义务 …………… (163)
第五百五十八条 财产保管人的权利 …………… (163)

第五百五十九条　归还寄存财产 …………………… (164)

第五百六十条　迟交、迟取寄存财产 ………… (164)

第五百六十一条　支付报酬 ……………………… (164)

第十三节　委托合同 ………………………………… (165)

第五百六十二条　委托合同 ……………………… (165)

第五百六十三条　委托期限 ……………………… (165)

第五百六十四条　转委托 ………………………… (165)

第五百六十五条　被委托方的义务 ……………… (165)

第五百六十六条　被委托方的权利 ……………… (166)

第五百六十七条　委托方的义务 ………………… (166)

第五百六十八条　委托方的权利 ………………… (166)

第五百六十九条　单方终止履行委托合同 ……… (166)

第十七章　悬赏和有奖比赛 …………………… (167)

第五百七十条　悬赏 ……………………………… (167)

第五百七十一条　撤回悬赏 ……………………… (167)

第五百七十二条　兑现奖赏 ……………………… (167)

第五百七十三条　有奖比赛 ……………………… (167)

第十八章　无因管理 …………………………… (168)

第五百七十四条　无因管理 ……………………… (168)

第五百七十五条　无因管理的义务 ……………… (168)

第五百七十六条　事务被管理人的支付报酬义务 ……………………………………………… (168)

第五百七十七条　赔偿损失的义务 ……………… (169)

第五百七十八条　终止无因管理 ………………… (169)

第十九章　非法占有、使用财产及不当得利的归还义务 ……………………………… (169)
第五百七十九条　归还义务 ……………………… (169)
第五百八十条　财产归还 ……………………… (170)
第五百八十一条　归还收益、孳息的义务 ………… (170)
第五百八十二条　要求第三方归还的权利 ……… (170)
第五百八十三条　支付报酬义务 ………………… (170)
第二十章　合同外的侵权赔偿责任 ……………… (171)
第一节　一般规定 ……………………………… (171)
第五百八十四条　侵权赔偿责任发生的依据 …… (171)
第五百八十五条　赔偿损失的原则 ……………… (171)
第五百八十六条　自然人承担赔偿责任能力 …… (172)
第五百八十七条　多人共同造成损失的赔偿 …… (172)
第五百八十八条　要求赔偿损失的诉讼时效 …… (172)
第二节　确定损失 ……………………………… (172)
第五百八十九条　财产侵权的损失 ……………… (172)
第五百九十条　侵犯健康权的损失 ……………… (173)
第五百九十一条　侵犯生命权的损失 …………… (173)
第五百九十二条　侵犯名誉、人格、威信的损失 … (174)
第五百九十三条　因生命、健康受到侵犯获得损害赔偿的期限 ……………………………… (174)
第三节　某些具体情况下的损害赔偿 ………… (175)
第五百九十四条　超过正当防卫界限的损害赔偿 ……………………………………… (175)
第五百九十五条　超过紧急避险界限的损害赔偿 ……………………………………… (175)

第五百九十六条　因使用兴奋剂造成的损害赔偿 …………………………………………… (175)
第五百九十七条　由法人的人员造成的损害赔偿 …………………………………………… (175)
第五百九十八条　执行公务时造成的损害赔偿 …………………………………………… (175)
第五百九十九条　由未满十五周岁、失去民事行为能力的人在学校、医院、其他法人直接管理期间造成的损害赔偿 ……………………… (175)
第六百条　赔偿由工人、学徒造成的损失 ………… (176)
第六百零一条　高度危险源造成的损害赔偿 …… (176)
第六百零二条　因环境污染造成的损害赔偿 …… (177)
第六百零三条　牲畜造成的损害赔偿 …………… (177)
第六百零四条　因植物造成的损害赔偿 ………… (177)
第六百零五条　因房屋、其他建筑工程造成的损害赔偿 …………………………………………… (177)
第六百零六条　侵犯尸体的损害赔偿 …………… (177)
第六百零七条　侵犯坟墓的损害赔偿 …………… (178)
第六百零八条　侵犯消费者权益的损害赔偿 …… (178)

第四编　继承 ……………………………………………… (179)

第二十一章　一般规定 ………………………………… (179)
第六百零九条　继承权 …………………………… (179)
第六百一十条　自然人的平等继承权 …………… (179)
第六百一十一条　继承的时间、地点 …………… (179)
第六百一十二条　遗产 …………………………… (179)

第六百一十三条　继承人 ……………………………… (179)
第六百一十四条　继承人权利和义务的产生
时间 ………………………………………………… (180)
第六百一十五条　履行被继承人的遗产义务 …… (180)
第六百一十六条　遗产管理人 ……………………… (180)
第六百一十七条　遗产管理人的义务 …………… (180)
第六百一十八条　遗产管理人的权利 …………… (181)
第六百一十九条　互相有遗产继承权的人同时死亡
的继承事宜 ……………………………………… (182)
第六百二十条　拒绝继承遗产 …………………… (182)
第六百二十一条　丧失遗产继承权的人 ………… (182)
第六百二十二条　无人继承的财产 ……………… (182)
第六百二十三条　继承时效 ……………………… (183)
第二十二章　遗嘱继承 …………………………… (183)
第六百二十四条　遗嘱 ………………………… (183)
第六百二十五条　遗嘱人 ……………………… (183)
第六百二十六条　遗嘱人的权利 ……………… (184)
第六百二十七条　遗嘱的形式 ………………… (184)
第六百二十八条　书面遗嘱 …………………… (184)
第六百二十九条　口头遗嘱 …………………… (184)
第六百三十条　合法遗嘱 ……………………… (184)
第六百三十一条　遗嘱的内容 ………………… (185)
第六百三十二条　立遗嘱见证人 ……………… (185)
第六百三十三条　没有见证人的书面遗嘱 ……… (186)
第六百三十四条　有见证人的书面遗嘱 ……… (186)
第六百三十五条　有公证或认证的遗嘱 ……… (186)

第六百三十六条 在公证机构或乡级人民委员会立遗嘱的手续 …………………………………… (186)
第六百三十七条 应当回避公证、认证遗嘱的人 ……………………………………………… (187)
第六百三十八条 效力等同于被公证或认证的书面遗嘱 ………………………………………… (187)
第六百三十九条 由公证人在住所订立的遗嘱 … (187)
第六百四十条 修改、补充、更换、撤销遗嘱 ……… (187)
第六百四十一条 寄存遗嘱 …………………… (188)
第六百四十二条 遗嘱被丢失、损坏 ……………… (188)
第六百四十三条 遗嘱的效力 …………………… (188)
第六百四十四条 不属于遗嘱内容的继承人 …… (189)
第六百四十五条 用于供奉的遗产 ……………… (189)
第六百四十六条 遗赠 ………………………… (190)
第六百四十七条 公布遗嘱 …………………… (190)
第六百四十八条 解释遗嘱内容 ……………… (190)
第二十三章 法定继承 ……………………………… (191)
第六百四十九条 法定继承 …………………… (191)
第六百五十条 法定继承的情形 ……………… (191)
第六百五十一条 法定继承人 ………………… (191)
第六百五十二条 代位继承 …………………… (192)
第六百五十三条 养子女与养父母、生父母之间的继承关系 ………………………………………… (192)
第六百五十四条 继子女与继父母之间的继承关系 ……………………………………………… (192)
第六百五十五条 夫妻已经分割财产，夫妻一方

正申请离婚或已经与他人结婚情况下的遗产继承 ……………………………………………… (192)
第二十四章 结算和分割遗产 …………………… (193)
第六百五十六条 继承人会议 ………………… (193)
第六百五十七条 遗产分割人 ………………… (193)
第六百五十八条 优先结算顺序 ……………… (193)
第六百五十九条 按照遗嘱分割遗产 ………… (194)
第六百六十条 依法分割遗产 ………………… (194)
第六百六十一条 限制分割遗产 ……………… (195)
第六百六十二条 有新继承人或有继承人被剥夺继承权的情况下分割遗产 ………………… (195)

第五编 适用于涉外民事关系的法律 ……………… (196)

第二十五章 一般规定 …………………………… (196)
第六百六十三条 适用范围 …………………… (196)
第六百六十四条 适用于涉外民事关系法律的确定 ……………………………………………… (196)
第六百六十五条 涉外民事关系适用的国际公约 ……………………………………………… (197)
第六百六十六条 适用国际惯例 ……………… (197)
第六百六十七条 适用外国法律 ……………… (197)
第六百六十八条 可参照的法律范围 ………… (197)
第六百六十九条 适用多法律系统国家的法律 … (197)
第六百七十条 国外法律不适用的情况 ……… (198)
第六百七十一条 时效 ………………………… (198)

第二十六章 适用于自然人、法人的法律 ……………………（198）
第六百七十二条 适用于无国籍、多国籍人的法律确定依据 ……………………（198）
第六百七十三条 个人的民事权利能力 …………（198）
第六百七十四条 个人的民事行为能力 …………（199）
第六百七十五条 确定个人失踪或死亡 …………（199）
第六百七十六条 法人 ……………………（199）
第二十七章 适用于财产关系、人身关系的法律 …………（200）
第六百七十七条 财产分类 ……………………（200）
第六百七十八条 财产所有权以及其他权利 ……（200）
第六百七十九条 知识产权 ……………………（200）
第六百八十条 继承 ……………………（200）
第六百八十一条 遗嘱 ……………………（200）
第六百八十二条 监护 ……………………（201）
第六百八十三条 合同 ……………………（201）
第六百八十四条 单方法律行为 ………………（202）
第六百八十五条 因非法占有、使用财产和不当得利产生的归还义务 ……………………（202）
第六百八十六条 无因管理 ……………………（202）
第六百八十七条 赔偿合同外的侵权损失 ………（202）

第六编 执行条款 ……………………（203）

第六百八十八条 过渡条款 ……………………（203）
第六百八十九条 执行效力 ……………………（203）

图书在版编目(CIP)数据

越南民法典/伍光红,黄氏惠译. —北京:商务印书馆,2018

ISBN 978-7-100-15948-7

Ⅰ.①越… Ⅱ.①伍… ②黄… Ⅲ.①民法—法典—越南 Ⅳ.①D933.33

中国版本图书馆CIP数据核字(2018)第046428号

越南民法典

伍光红 黄氏惠 译

商 务 印 书 馆 出 版

(北京王府井大街36号 邮政编码100710)

商 务 印 书 馆 发 行

北京市艺辉印刷有限公司印刷

ISBN 978-7-100-15948-7

2018年4月第1版 开本 880×1230 1/32

2018年4月北京第1次印刷 印张 8¼

定价:42.00元